中学生の質問箱

# 詩を書くってどんなこと?

## こころの声を言葉にする

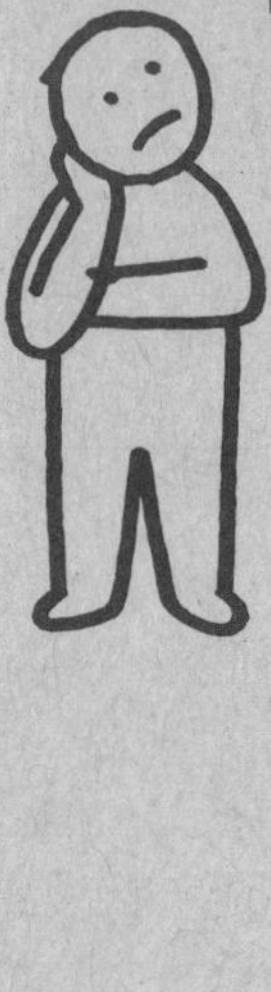

若松英輔

平凡社

私たちの生きる社会はとても複雑で、よくわからないことだらけです。困った問題もたくさん抱えています。普通に暮らすのもなかなかタイヘンです。なんかおかしい、と考える人も増えてきました。

そんな社会を生きるとき、必要なのは、「疑問に思うこと」、「知ること」、「考えること」ではないでしょうか。裸の王様を見て、最初に「おかしい」と言ったのは大人ではありませんでした。中学生のみなさんには、ふと感じる素朴な疑問を大切にしてほしい。そうすれば、社会の見え方がちがってくるかもしれません。

中学生の質問箱

# 詩を書くってどんなこと？

こころの声を言葉にする

もくじ

# はじめに

『セロ弾きのゴーシュ』という宮沢賢治の童話があります。ゴーシュは、ある楽団に属していて、チェロを担当しているのですが、あまりうまく弾くことができません。ゴーシュは家でも一所懸命に練習をします。彼の演奏は、人間の耳には、まったく下手な演奏に聞こえます。しかし、ある不思議な出来事が起こっていたのです。その音を聞いた動物たちの病気が治っていくのでした。

でも、ゴーシュはそのことを知りません。ゴーシュは人間の世界では、あまり目立つ存在ではありませんが、動物と心を通わせることができる不思議なちからを持っています。

あるとき、野ねずみのお母さんはゴーシュにこう言います。

「先生、この児《こ》があんばいがわるくて死にそうでございますが先生お慈悲《じひ》になおしてやってくださいまし。」

もちろんゴーシュは何のことか分かりません。「おれが医者などやれるもんか。」と不機嫌そうに応えます。

野ねずみのお母さんは、しばらくのあいだうつむいて、また言います。

「先生、それはうそでございます。先生は毎日あんなに上手にみんなの病気をなおしておいでになるではありませんか。」

そう言われても、ゴーシュには、ますます謎が深まるばかりです。野ねずみのお母さんはさらにこう言いました。

「だって先生先生のおかげで、兎《うさぎ》さんのおばあさんもなおりましたし狸さんのお父さんもなおりましたしあんな意地悪のみみずくまでなおしていただいたのにこの子ばかりお助けをいただけないとはあんまり情ないことでございます。」

先ほども言いましたがゴーシュは、人間の世界では「下手」な演奏家です。でも、その音色《ねいろ》が動物たちの世界では秘薬《ひやく》に変じているのでした。

どうしてこんなことが起きるのでしょうか。賢治は、この物語で何を私たちに問いかけているのでしょうか。

知らない人が楽器を演奏する。すると私たちは、すぐにうまい下手でその音を判断しがちです。その人がどんな思いで楽器を演奏しているのかよりも、耳に聞こえる音を評価してしまうのです。

しかし、動物たちには上手下手という感覚はありません。演奏する者の心持ちをそのまま受け取るようなのです。すると、ゴーシュの音色は心身に響きわたってさまざまな病を癒《いや》すのです。

この物語は詩と詩人との関係をじつによく表現しています。

ある人たちの目には「下手」な詩でも、ほかのある人たちにとっては、長く探していた秘薬になる。そうしたことは珍しくありません。

大切な人から贈られた詩、あるいは両親や家族から贈られたものも、私たちはそうしたおもいで受け取ることができるのではないでしょうか。

詩は下手でもいい、といっているのではありません。ほんとうの詩——こころを込めて書かれた詩——は、上手下手という枠のそとで生まれるのです。詩の場合、大切なのは、「うまく」書こうとすることではありません。真剣に書くことです。

演奏が思うままにならなくても、ゴーシュはいつも真剣でした。そして、チェロを愛していました。詩を書こうとする者に必要なのも、真剣さと言葉への愛です。

真剣さを人に見せる必要はありません。ゴーシュが部屋で練習をしたように独りでいるときに真剣であればよいのです。

そして、ゴーシュはチェロを大切に、まるで仲間のように扱います。詩を書こうとするとき、私たちも言葉とともに何かを作り上げるようにするとよいのだと思います。

世の中の評価にではなく、自分に誠実であり続け、ただ「ほんとう」のことを書けばよいのです。

「ほんとう」のことを探す、それが賢治の願いでした。誰かがよいというものを手にして満足するのではなく、自分がこころの底からほんとうだと感じられるものに出会うことを願ったのです。もちろん、賢治にとっての「ほんとう」のものと私たちにとってのそれが同じとは限りません。私たちは、自分の「ほんとう」のものを探さなくてはなりません。

賢治には『銀河鉄道の夜』というよく知られた作品があります。この作品には「ほんとう」という言葉が、幾度となく記されています。

主人公のひとりであるジョバンニは、もう一人の主人公のカムパネルラと「ほんとうのさいわい」、ほんとうの幸せとはなにかをめぐって語り合います。するとジョバンニはぽつりと、カムパネルラだけでなく、あたかも見えない誰かに語りかけるようにつぶやくのです。

「けれどもほんとうのさいわいは一体何だろう。」

詩は、「ほんとうの」ことを探す旅です。ですから詩人は旅人でもあるのです。みなさんとの詩をめぐる対話をはじめるにあたって、一篇の詩を贈ります。

人生が

旅であるなら
ひとは誰も
旅人《たびびと》

旅は
いつも
未知なる
小さな冒険

旅路にあるとき
人は
誰であれ
少し
親切にされてよい

心の足を

ひきずりながら
歩く
見知らぬ人と
すれちがい

大丈夫ですかと
呼びかける
そんなとき
人は

生涯で
もっとも
美しい言葉を
口にする

詩の旅に終わりはありません。ですが、その道程は尽きることのない発見に満ちています。

そして詩を書くことはまるで、言葉というスコップで、人生の宝物を探すようなものです。ほかの誰のものでもない、自分にとっての「ほんとう」の何かを探す、詩の旅、詩人への旅をはじめてみましょう。

# 第1章

# 詩と出会う

詩や詩人という言葉を聞くと、分からない、むずかしそうだという感じがするかもしれません。たしかに詩には、いつからか、そんなイメージがつきまとうようになりました。でも、そんな詩や詩人ばかりではありません。詩はもともと平易な言葉で書かれていました。いえ、書かれる前に語られていたのです。

ここで詩とは何かを語るよりも、まず、詩の言葉や意味、あるいは響きを感じながら、さまざまなことをいっしょに考えていきたいと思います。みなさんのなかには、次に引く詩を教科書で読んだ人がいるかもしれません。谷川俊太郎（一九三一〜）という詩人の「ことば」という作品です。

問われて答えたのではなかった
そのことばは涙のように
私からこぼれた

辞書から択んだのではなかった
そのことばは笑いのように
私からはじけた

知らせるためではなかった
呼ぶためではなかった
歌うためでもなかった

ほんとうにこの私だったろうか
それをあなたに云ったのは
あの秋の道で
思いがけなく　ただ一度
もうとりかえすすべもなく

（『谷川俊太郎詩選集　1』）

この一篇は、多くの人に読まれ、また、愛された作品ですが、同時に詩とは何か、ことに詩の言葉とは何か、その秘密の一端を明らかにしてくれています。詩は必ずしも、辞書に記されているような意味で書かなくてもよい、というのです。

先の詩は、とても平易な言葉で記されています。この詩人は、ほんとうのことは平易な言葉でしか表現できないのではないかと感じているとさえ思わせます。およそすべての詩をこの詩人は平易な言葉で書いています。その言葉は、多くの人に詩の門を開きました。彼の作品を読むだけでなく、自分でも詩を書いてみたいとペンを執《と》った人も少なくないと思います。

詩人のなかには難解な言葉を用いる人もいます。詩には決まりはありませんから、どちらが正しいかは断定できません。しかし、谷川俊太郎の詩を読んでいると難解な言葉は、平易な言葉へと変化していく途中であるのかもしれない、ようにも映ります。

難解な詩が好きな人も世のなかにはいます。ですが、難解なものばかりでは詩を手にする人は少なくなって当然です。

そうしたこともあって、詩は自分に関係ない、そう感じている人は少なくないのではないでしょうか。私自身も、昔から詩と深くつきあってきた人間ではないのです。リルケやハイネといった詩人の名前を知っている程度で、生活の中に詩の香りなど少しもありませんでした。

しかし、年齢を重ねるとともに、いろいろな出来事があって、詩との関係が変わってきました。

## ――どうして詩が必要だと思ったのですか。

大きな病気をしたら、薬を飲まなくてはなりません。無理をして体調を崩したときも薬を飲まなくてはなりません。傷つけば癒されなくてはなりません。

詩は、言葉という薬草から生まれた「薬」です。それも特別の効能をもつ秘薬なのです。あるときまでは、そのことを知りませんでした。しかし、ある詩人の――あとでお話をすることになると思いますが、それはライナー・マリア・リルケ（一八七五〜一九二六）という詩人でした――作品を読んで、改めて詩の効能を知ったのです。

今日のように生きることが厳しい時代になってくると、若い人にも――むしろ、若い人にこそ――秘薬が必要なこともあります。

自分を見失いそうなとき、詩によって自分に戻ってこられる、そうした出来事が人生にはあります。

きっかけはさまざまです。自分を好きになれない、自分を信頼できない、明日が来るのが怖い、そんな不安の沼のような場所から、詩は、私たちをすくいあげてくれることがあります。

## 本当にそんなことが詩にできるのでしょうか。

それをみなさんと実感してみたい、というのがこの対話の試みです。少なくとも私は、詩に救われたように感じています。

歴史を見ると、先人のなかにもやはり詩に救われた、という人を何人も見てきたように思います。

## どうしたらそうした詩と出会うことができるのでしょうか。

大切なのは「待つ」ことです。急がないで「待つ」ことです。陽が昇るのを見たいと思えば、ある時間、ある場所で待たねばなりません。詩との出会いも同じです。

詩との出会いを考えるとき、「邂逅《かいこう》」という言葉を覚えておくとよいかもしれません。この言葉の背後には、単に出会うというよりも、ある意味を伴って出会う、必然的、あるいは運命的に出会うといった意味があります。

また、邂逅という「出会い」は、単に知るということとは違って、その出来事によって、人生が何らかの意味で変わることです。それも不可逆的に変わることです。

### 詩と出会うのに大切なのは急がないで「待つ」こと

**——不可逆的とは、どういうことでしょうか。**

一度変わるともとに戻れない、という意味です。この言葉を理解するには自転車に乗ることを想い出すとよいかもしれません。

自転車に乗れるようになるまでにはある時間が必要です。何度か転ぶこともあるかもしれません。しかし、一度乗れるようになると、乗れなかったときには戻れません。「乗れてしまう」ようになる。からだがそれを覚えているのです。

詩との関係も同じです。一度、詩と深く交わるとその関係は生涯を通じたものになります。詩を読み、詩を味わう、そして詩を書くという点だけでなく、この経験は、言葉そのものとの関係にも強く影響します。

**——でも、そうした邂逅は、詩が好きな人にだけ起こるのではありませんか。**

不思議に思われるかもしれませんが、私は小学校からずっと、国語が苦手でした。少し苦手なのではありません。大《だい》の苦手でした。

そんな私にも詩との邂逅はあったのです。そればかりか、四十歳を過ぎて詩集を書くようにもなりました。

**――授業で詩を勉強したのですが、あまり好きになれませんでした。**

授業やテストでは、正しい答えを見つけることを求められるからかもしれません。自分の感じていることを言うと、誤りとされることがあります。誰だって、自分の考えを否定されたらいやになります。テストの点数が低いとなおさらです。

でも、自分で文章を書くようになって改めて考えてみると、正しい答えなどありえないことが分かります。むしろ、書き手が書いたように読まれないということのなかにこそ、文学の可能性があるのです。

ですから、作者は自分が何を書いたのか、もっともよく知る者ではない可能性もあるのです。

テストの正解とは別なものとして、自分の実感を大事にしてください。

**――書いたように読まれないとはどういう意味ですか？**

たとえば、私がある意図をもって、あるおもいをこめて、詩を書いたとします。ですが、それを読む人はかならずしも私の意図やおもいと同じように感じるとは限りません。

学校の授業では、作者のおもいに近づこうとしますが、それは作者がほんとうに感じたことと同じではないかもしれないのです。

むしろ、その方が多いのではないでしょうか。私の書いた文章が、入学試験に用いられることがあります。後日、その問題が送られてくるのですが、作者である私が、解けない問題もあるのです。冗談のようですが、本当です。

ですから、精確にいうと、受験生が見つけなくてはならないのは、作者のおもい、ではなく、出題者のおもいです。

ですが、出題者の理解が間違っているとは限りません。その理解の方がより深いところにたどり着いていることも少なくないのです。作者である私は、自分の実感と違うからといってそれを否むことはできませんし、異なる見解を拒絶するのは、大変もったいないことでもあります。

少し考えてみてください。言葉は、人間の意図の器では終わらないのではないでしょうか。言葉そのものがもつはたらきは、それを用いている人の意図をはるかに超えるものなのではないでしょうか。

**――言葉が人間のおもいを超えるというところがよく分かりません。**

さほどむずかしいことではありません。少し立ち止まって見ると分かってきます。私たちは言葉の意味を十分に理解しなくてもそれを用いることができます。むしろ、そうしているのが日常です。

**――言葉の意味を理解しているから、多くの言葉のなかからそれを選び、用いているのではありませんか。**

ほんとうにそうでしょうか。「愛」とは何かを知らないのに、この言葉を用います。「神」とは何かを人間は知り得ないのに、人類は長く、この言葉を口にしてきました。

もっと身近なところに話を引き寄せてみましょう。

たとえば、「花」という言葉があります。私が、今ここで名前を挙げられるのは多くても数十種類の花の名です。しかし「花」という言葉には、この世に存在するあらゆる花が含まれているのです。日本に咲く花だけでなく、世界にある花、現代では絶えてしまった花もこの一語に含まれています。

それればかりか、あの人は「花」がある、というときなどは、その人が発する輝くような存在感を意味します。

「花」という言葉には、可視、不可視なもの両面を示す意味があります。同質なことは「水」にもいえます。ある人にとって「水」は水道の蛇口から流れるもので、別な人にとっては川の、また、別の人にとっては海のそれをイメージさせます。いのちの水という表現もあります。

あるとき詩で、「一輪の花」と書く。このとき私は百合《ゆり》をイメージしていたとします。でも、文字上からはそのことは分かりません。その詩を読んだ人がそこに薔薇《ばら》を感じたからといって誤りだとはいえません。作者が自分のおもいを語っているつもりでも、実際に表現されているものは、作者の意図《いと》に留まらないのです。

## ――具体的な例はありますか。

例は、無数といってよいほどありますが、大手《おおて》拓次《たくじ》（一八八七～一九三四）という花をよく詩に書いた人物の作品を紹介しましょう。次に引くのは、「花をひらく立像」と題する詩です。

手をあはせていのります。
もののまねきはしづかにおとづれます。
かほもわかりません、
髪のけもわかりません、
いたいたしく、ひとむれのにほひを背《せ》おうて、
くらいゆふぐれの胸のまへに花びらをちらします。

(『大手拓次全集』第一巻)

この詩人は、何に出会ったのかを語っていません。しかし、「いのり」という言葉からも何か聖なるものとの邂逅であることは想像ができます。

その何ものかは、顔も見せず、髪の毛すら見えない。しかし、ある「にほひ(匂い)」を伴って顕《あら》われる。そして、この詩人の胸の中に慰《なぐさ》めに満ちた「花びら」を散らすのです。

大手拓次には薔薇を謳《うた》った詩がいくつもあります。このときの花びらも薔薇の花弁なの

かもしれません。しかし、ここでは薔薇だとは書かれていません。詩人はそれが何であるかを決めるのは読む者に託しているともいえます。だから彼は、「薔薇の花びら」とは書かなかったのです。

言葉は不思議な存在です。無数の人々の経験が言葉のなかに流れ込み、書いた人の経験を包み込んでいるのです。

はかりしれない歴史と、語られざるさまざまな出来事が、見えないかたちで存在していて、ある人が「花」と書いて読み手がどう受け取るかには、無限の可能性があるのです。

**――修学旅行で仏像を見ました。お寺の方が、多くの人たちの祈りを受けてきた古い仏像は、すでに普通の彫刻でないといっていましたが、それと同じでしょうか。**

とてもよい喩《たと》えだと思います。同じことは絵や音楽にも書物にもいえます。多くの人々によって支えられ、そして受けとめられることによって、いっそう豊かになる、それが芸術です。

詩は、言葉の芸術です。しかし、言葉によって、言葉にならないものを表現しようとする芸術です。もう一つ「花」が描き出されている詩を読んでみましょう。

鳴く　蟲よ、花　と　咲　け
地　に　おつる
この　秋陽《あきび》、花　と　咲　け、
ああ　さやかにも
この　こころ、咲けよ　花と　咲けよ

（「花と咲け」『八木重吉全集』第一巻）

「蟲《むし》」に向かって「花　と　咲　け」――この文字の並びにも意味があるのでしょう――とこの詩人はいうのです。彼にとって「花」や「蟲（虫）」は、ともに大きなもの――大いなるものといった方がよいかもしれません――に包まれて存在していると映っていたようです。

その大いなるものは、虫や花だけでなく、太陽や大地をも包むものであることも、この詩を読むと分かります。ある人たちは、それを「神」あるいは「仏」と呼びます。この詩人はここで「神仏」という表現は用いていませんが、その詩は、読む者にそれを感じさせるちからをもっています。

この作品を書いたのは八木重吉《やぎじゅうきち》（一八九八〜一九二七）という詩人です。彼は『秋の瞳』と題する詩集を一冊世に送り出しただけで、二十九歳で亡くなります。しかし、彼はその数倍に当たる詩を書き残していました。生前、彼を知っていた人はわずかです。しかし、彼の言葉は、今も読み継がれています。

さて、ここでの「花」は、植物そのものではありません。「花を咲かす」という言葉には、その人の秘められた可能性が開花する、という意味があります。ある存在感のある人を、「あの人は花がある」といったりもするのです。

しかし、植物の花がまったく関係ないかというとそうともいえません。可能性の開花という出来事と、植物としての花が咲くことに私たちが共通して感じているものもあるのです。そこには、人間と花に分け隔てなく存在する存在のちからのようなものを感じていま す。

## 言葉は、いつも歴史とつながっている

言葉は、いつも歴史とつながっています。歴史の力を借りないと詩は成り立ちません。それは「時」のちからと言った方がよいかもしれません。時間とは異なる「時」のはたらきです。時計で測れる時間とは違う「時」を感じたことはあるでしょうか。

――時間と時の違いがよく分かりません。

こうしたことも言葉のはたらきですが、ある言葉を意識すると世界は違って見えてきます。

「時間」は過ぎ行くものです。そして、時計などで計ることのできるもので、多くの人々によって共有されるものであり、量的なものです。すなわち、長いとか短いとかいう言葉で表現できるものです。

一方、「時」は、時計で計ることができず、個人的なもので、質的なものです。その本当の姿を、多い、少ない、長い、短いというような量的な言葉で表現することはできません。そして、質的なものであるということは、世にただ一つのものだということです。

詩の現場は、時間と時の交わる場所です。現在と過去と、そして未来がつながるところといった方がよいかもしれません。さらにいえば、それは永遠と今が交差するところでもあるのです。

## ――「時間」と「時」の交わるところには何があるのでしょうか。

そこに「今」があります。日ごろはあまり意識しませんが、私たちは「今」にしか生きることはできません。ですから、人は、つねに「今」しか書けない詩をつむぐのです。明日、同じ詩を書くことはできないのです。詩を書いていると、「今」が、あるいは「時」が書かせてくれる、そんな感じすらするかもしれません。

ですが、注意しなくてはならないのは、「時」のちからを使うというよりも、ちからを借りる、という感じが大切だということです。

ほかの人のちからを借りるときのように、「時」とともに詩を書くのです。

言葉との関係も同じです。まるで自分が言葉そのものを作りだしたかのように語ってしまうと、私たちは言葉を道具にしてしまうかもしれません。

**――言葉が「道具」ではない、というお話がよく分かりません。言葉は、意思を伝えるために人間が作りだした「道具」なのではないでしょうか。**

もし、人間がほんとうに言葉を、ほかの道具と同じように作り出したのであれば、私たちはそれを使わなくても生きていけるはずです。また、そのはたらきを制御《せいぎょ》することもできるのではないでしょうか。

文字は、この世に言葉を留めておきたいという願いから生まれたものです。私は、文字すら人間が「造った」ものだとは感じなくなってきました。
言葉の起源という問題は、世界の言語学者を今も悩ませている大問題です。ここで回答のようなことを述べることはできませんが、ただ、世にある物体のように人間が造ったものではないかもしれない、という考え方をしている人も少なくないことは事実です。
このことを強調したのが、哲学者の池田晶子（一九六〇〜二〇〇七）です。彼女は、古典を語りながら、言葉をめぐって次のように述べています。

何千年移り変わってきた時代を通して、まったく変わることなく残ってきたその言葉は、そのことだけで、人生にとって最も大事なことは決して変わるものではないということを告げている。それらの言葉は宝石のように輝く。言葉は、それ自体が、価値なんだ。だから、言葉を大事に生きることが、人生を大事に生きるということに他ならないんだ。

（『14歳からの哲学』）

「言葉は、それ自体が、価値」である、それが彼女の確信でした。
彼女のいう「価値」とは、それ自体が貴いということです。人間のいのちが、誰のものであるかと関係なく貴いのと同じです。それをどう用いるかによって変化する以前に、言

## 言葉のちからを借りて、自分の思いを超えたものを表現する

葉自体が意味と価値をもっているというのです。

問題は、人がその「価値」を十分に開花させられるか、あるいはおとしめるか、という点にかかっている、というのです。

この本では「もの」と「物体」という表現を分けて用いたいと思います。「もの」という言葉はもともと物体を指していたわけではありません。ひとが一人前になることを「ものになる」といいます。「もの」は、生ける何ものか、というほどの意味です。

そうした意味で言葉は「もの」です。しかし、道具ではありません。

ですが、「道具」という言葉も、ある人たちは、とても愛着を持って用います。彫刻家にとって彫刻刀は物体ではありません。大切な「もの」です。いわば長年連れ添った相棒です。詩人にとっての言葉も同じです。

詩とは、そういう言葉のちから――より精確には意味のちから――を借りて表現するものです。ですから、言葉のちからを借りて、自分の思いを超えたものを表現し得るのも不思議なことではありません。

さきほど「出会い」の話をしましたが、詩との出会いは、生ける意味との出会いだともいえます。それは私たちの世界の認識を大きく変えます。そうした意味で、詩と出会った人間は、詩を知らなかった自分に戻ることはできません。

**――ということは、「出会い」はあっても「別れ」はないということでしょうか。**

形式としての「詩」とのあいだには別れもあり得ます。それは「詩を書かない」、「詩を読まなくなる」時期はある、ということです。

二十世紀日本を代表する文学者のひとりに中野重治（一九〇二～一九七九）という人物がいます。彼に「歌のわかれ」という小説があります。自分はもう、抒情《じょじょう》的な「歌」を歌うまい、という決意を表明した作品です。中野は優れた小説家でもありましたが、時代を代表する詩人でもありました。

詩の代表作の一つに「歌」という作品があります。そこで彼は、同時代の歌人、詩人たちが好んで書いた、生活と離れた空想的なものは歌うのをやめろ、もっと切実なものを歌え、と自分に向かって書き記すのです。

おまえは歌うな
おまえは赤ままの花やとんぼの羽根を歌うな
風のささやきや女の髪の毛の匂いを歌うな

すべてのひよわなもの
すべてのうそうそとしたもの
すべてのものうげなものを撥《はじ》き去れ
すべての風情《ふぜい》を擯斥《ひんせき》せよ
もつぱら正直のところを
腹の足《た》しになるところを
胸さきを突きあげてくるぎりぎりのところを歌え
たたかれることによつて弾《は》ねかえる歌を
恥辱の底から勇気を汲みくる歌を
それらの歌々を
咽喉《のど》をふくらまして厳しい韻律に歌いあげよ
それらの歌々を
行く行く人びとの胸郭《きょうかく》にたたきこめ

（『中野重治詩集』）

言葉は、ひとの頭にではなく、「胸」にたたきこまなければならない。意識ではなく、心の奥底に届く言葉をつむがねばならない、というのです。

ここで「胸」と中野が書いているのは、私たちの「こころ」のことです。頭にではなく、こころに届く言葉、意識の表層ではなく、その奥に届く言葉をつむがねばならないというのです。これは、詩を書くときに、一度は真剣に考えてよい態度の問題だと思います。


**――どうしてそんな決意をしたのでしょうか。**


ここで中野が自分に禁じたものは、彼がかつて愛したものだともいえます。大変に厳しい言葉を自分に投げかけているわけです。しかし、今、そうした詩は、時代にもとめられていない、それればかりか、そうしたものに目を向けていると大切な何かを見過ごしてしまう、というのです。

若き中野重治は、自然を愛し、文学を愛する若者でした。彼は福井県に生まれます。彼の祖父が、大変熱心な浄土真宗の門徒《もんと》で、本当の意味での救いとは何であるかは、彼には幼い頃からとても大きな人生の問題でした。

青年期の終わりに彼は運命的といってよい出会いに遭遇します。浄土真宗の改革者のひとり暁烏敏《あけがらすはや》とその同志である高光大船《たかみつだいせん》、藤原鉄乗《ふじわらてつじょう》といった人々と巡りあうのです。中野は、この僧たちを通じて新しい仏教だけでなく、マルクス主義という思想と邂逅するのです。

## ――新しい仏教、マルクス主義とは何でしょうか。

ここでいう「新しい仏教」とは、清沢満之《きよざわまんし》（一八六三〜一九〇三）によって牽引《けんいん》された浄土真宗の大谷派を中心とした改革運動です。清沢は、敬虔《けいけん》な僧であると同時に哲学者でもありました。清沢とその弟子たちは、仏教を自分たちの宗派内の出来事としてではなく、広く社会とつながるものでなくてはならない、と考えます。そして、他の宗教、他の宗派、あるいは他の思想との対話にも積極的に足を踏み出します。

マルクス主義は、カール・マルクス（一八一八〜一八八三）によって説かれた思想です。巨大な、といってよい影響力をもった思想ですので、一言でいうことはできませんが、彼の思想の根源をなしているのは、「疎外《そがい》」をなくす、ということだといってよいと思います。「疎外」という言葉はあまり聞いたことがないかもしれません。それは存在を無視されることと言い換えてもよいかもしれません。

世の中には、さまざまなところにその存在を見過ごされている人々がいます。中野がこの詩を書いた時代、そのなかに労働者たちがいたのです。

当時の日本は——日本だけではありませんが——資本家と労働者の生活格差は凄《すさ》まじいものでした。マルクス主義者たちは、社会的階級の撤廃をうったえます。そして雇用する側ではなく、働く者たちにとって幸福な社会を実現しようと立ち上がるのです。

当時は浄土真宗の改革者たちとマルクス主義は、信仰者と無神論者という差を超えて接近していました。彼らをつなぎとめていたのは虐《しいた》げられた者の救済という問題です。

仏教者とマルクス主義に同時に出会った中野は、次第に労働者の実情を描き出すプロレタリア文学に傾倒していきます。働く人間の苦悩をこそ描き出さなければならない。花を見て美しいなどという心情は、もう歌うまい、と自分と世の中に対して宣言したのです。

中野重治が刊行した詩集は、「歌」を収めた『中野重治詩集』一冊だけです。戦時中に刊行されたときには発禁処分を受けています。

しかし、この詩集は、その後、絶大な影響力をもちました。プロレタリア文学という思潮が時代から消えても、今もなお、彼の詩は読まれています。中野重治は、詩集が一冊しかない大詩人です。

さきほど、人は、詩を読む、詩を書く、ということからは離れる時期があるかもしれない、といいました。ですが、人は「詩情《ポエジー》」から離れることはできません。中野は戦後、小説、随筆、批評を書きますが、そのどれにも詩情が流れていて、読む人のこころをとらえたのです。

詩とは、詩情を実感することでもあります。次の章では、詩情とは何かをめぐって考えることからはじめてみたいと思います。

# 第2章

# 詩情とは何か

詩とは何かを考えるときには、詩情とは何かを考えることが大切です。詩が何であるかはこれまでも見てきました。言葉では容易に語れない何かを表現しようとする試みです。「情」は「こころ」です。

詩情は、言葉で語り得ない何ものかを受け取ろうとするこころのありようであると同時に、物事から放たれる、あるはたらきだといえると思います。詩とは、詩情というほんとうは目に見えないものが、言葉の衣《ころも》をまとって世に現れたものだといってもよいからです。最近では、詩情よりも「ポエジー」という言葉の方をよく目にします。「詩情」をわざわざ「ポエジー」と英語でいう必要もないのですが、現代ではこの言葉の方がよく用いられていますので、覚えておいてもよいかもしれません。詩は、ポエム（poem）、詩人はポエット（poet）、詩情はポエジー（poesy）です。

**――詩情が、私たちのこころのはたらきであるというのは分かるのですが、物事から放たれるはたらき、ということがよく分かりません。**

とても大切な質問です。

詩情は、人間のこころにだけあるのではないのです。詩情は、一輪の花、一羽の鳥にも宿ります。詩情は私たちのこころにもあるのですが、道に咲く花にもあるのです。

このことは、詩よりも絵を考えた方が分かりやすいかもしれません。

美術館に行くと何気ない風景を描き出した作品があります。風景だけでなく、机の上に果物が置いてあるという絵もあります。それを見ると、私たちは何ともいえず美しいと感じます。

私たちから見ると平凡な光景が、画家には特別なものに映ったからこそ、絵にしたわけです。画家は、何でも絵にするわけではありません。彼の詩情と響き合うものだけを絵にするのです。

## ――詩のなかに詩情を確かめるにはどうしたらよいでしょうか。

たとえば今、鳥が啼《な》いているとします。あっ、鳥が啼いている、とだけ感じる人もいれば、「鳥は彼方《かなた》の世界からの使いなんだ。私の妹が啼いている」と感じる人もいる。宮沢賢治（一八九六〜一九三三）が、「白い鳥」と題する詩で次のように書いています。

次に引くのは、詩の全体ではありません。その一節です。詩は、そのすべてに共感できなくてもかまいません。その部分でも、強くこころに響いたものを書き記してみるとよいと思います。

二疋《ひき》の大きな白い鳥が
鋭くかなしく啼《な》きかはしながら
しめつた朝の日光を飛んでゐる
それはわたくしのいもうとだ
死んだわたくしのいもうとだ
兄が来たのであんなにかなしく啼いてゐる
（それは一応はまちがひだけれども
まつたくまちがひとは言はれない）

（『心象スケッチ　春と修羅』）

ある日、賢治は、二羽の白い鳥が、「鋭くかなしく」啼きながら、朝の空を飛ぶ姿を見るのです。そして、その鳥は、自分の亡くなった妹だと確信します。亡き妹が鳥の姿をして自分の前に現れたというのです。賢治は啼く鳥の声に、亡くなった妹がよろこびながら、同時に悲しみながら「なく」姿を見るのです。

もし、詩情が賢治のこころにあるものであれば、賢治は何を見ても詩にしたはずです。しかし、そうではありません。鳥になって顕《あら》われた亡き妹の姿にも詩情があるからこそ、彼の詩情に何かを呼びかけるのではないでしょうか。

詩とは、世界にある詩情と詩を書く人との詩情の交わりの軌跡だといえるかもしれません。

もう一つ、ここで注目したいのは、賢治がこの詩を未知なる読者だけでなく、鳥になって顕われた妹にも贈ろうとしていることです。賢治にとって詩を書くとは、愛する人に言葉を贈ることでした。言葉を「贈る」というと奇妙な感じがするかもしれません。ですが、言葉ほど美しい贈り物はないともいえます。

目に見えるものはいつか消えます。でも、言葉はその人のこころのなかで生き続けます。言葉は、亡くなった人にも届く、それが賢治の実感でした。もちろん、そうした考えが、世に受け入れられないかもしれないことを賢治はよく分かっています。だからこそ、「それは一応はまちがひだけれども」と書くのです。

しかし、それで決着がつくのであれば、彼は詩を書かなかったはずです。しかし、「まつたくまちがひとは言はれない」という心情が彼にペンを握らせたのです。

## ――詩情は、賢治のような詩人以外の人にもあるのでしょうか。

もし、詩情が詩人にだけあるのなら、詩は詩人によってのみ、書かれるものになります。かつては私もそう感じていました。でも、今はまったくことなる実感を抱いています。詩人だけが詩を書くのではなく、詩を書いた人が詩人なのです。さらにいえば、詩をこころに宿した人が詩人なのです。

誰もが語り得ないおもいを胸に秘めて生きているのではないでしょうか。詩は、そうしたおもいによって他の人とこの世界と、あるいは歴史と、あらゆる存在とつながろうとする試みでもあります。

「存在」というと何かむずかしそうですが、万物といってもよいのです。あるいは「いのち」といってもよいかもしれません。

## ――「いのち」と生命は同じでしょうか。

もちろん無関係ではありません。ですが、あえてこの本では「いのち」と生命、この二つの言葉を感じ分けてみたいと思います。

「いのち」も「生命」も、人間以外の生けるものすべてに宿っている、という点では共通しています。

「生命」は、亡くなれば活動を停止します。「いのち」は、人間が亡くなっても「生き続ける」ものです。

詩は、生命を讃《たた》える生命の讃歌《さんか》でもあり得ますが、「いのち」の歌でもあり得るのです。生命と「いのち」、この二つの感覚を育てていくことも詩を学ぶことの重大な意味です。

生命科学という分野があります。この学問は、この地球で生けるものが「生命」によってどのようにつながっているかを研究するものです。中村桂子（一九三六〜）という学者は「生命誌」という考えを提唱しています。万物は、「生命」によって不可分の関係にある。だが、現代は、生命の意味とはたらきを見失い、人間以外の生命を、あたかも物体のように扱っているのではないかと警鐘《けいしょう》を鳴らしています。

私たちは生命体です。しかし、その生命は「いのち」によって支えられていると考える人もいます。詩は、生命といのち、二つの生けるものを同時に感じようとすることだともいえます。

そう考えると、昔の歌人たちが、鳥や花を題材にしつつ、亡き人へのおもいを歌った気持ちも理解できるのではないかと思います（次に引く和歌は読みやすいように句間を空けています）。

仏には　さくらの花を　たてまつれ　わが後《のち》の世《よ》を　人とぶらはば

もしも、私は亡くなって、弔《とむら》いをしてくれるなら、他の花ではなくさくらをささげてほしい、というのです。『山家集』に収められた西行《さいぎょう》（一一一八～一一九〇）の歌です。三十一文字のなかに、さくらへの尽きることのない愛着と「いのち」の存在を確信している西行のおもいが、とてもよく表現されています。

**――生命を感じることはできます。しかし、私たちはどこで「いのち」を感じるのでしょうか。**

「いのち」は、どこにでもあります。むしろ、私たちは「いのち」に包まれて生きている、といってもよいくらいです。塔和子《とうかずこ》（一九二九～二〇一三）という詩人の「音」と題する作品を紹介したいと思います。

私には聞こえるのです
私の奥深くあって
静かに流れている
　いのちの音が

私がまだ始まらぬまえから
　始まっていたいのちの音

座っていると
その音は
永遠の宇宙から
　愛《かな》しく哀《かな》しく
　私の皮膚に包まれて
　こだましせまってくるのです

そして
私は

かまきりのような
さびしい目をして
じいっと
それをきいているのです

（『希望よ　あなたに――塔和子詩選集』）

「いのちの音」は、「私」が生まれる前から存在して、「私」にも受け継がれている。人は誰も、大きないのちとつながっている。その「音」は、からだの奥深くから響いてくるというのです

この詩人は、その「音」をあるときは哀しみのなかに、またあるときは、悲哀を越えた「愛しみ」を感じながら聴いている、と書いています。

「かなしみ」は、「悲しみ」や「哀しみ」だけでなく、「愛しみ」、「美しみ」と書いても「かなしみ」と読みます。詩人の中原中也《ちゅうや》（一九〇七～一九三七）は、「愁しみ」と書いて「かなしみ」と読ませています。

「いのちの音」をこれほどありありと歌い上げた作品をほかに知りません。私は、この詩によって「いのちの音」という言葉をほんとうに知るとともに、いのちの世界への扉が

## 詩情は特別なものではなく、すべての人に眠っている力

開かれた思いがしました。この詩人と広い意味での同時代人であったことを誇らしくさえ感じます。

詩情は、「いのちの音」をつかみとろうとする私たちの本能です。本能ですから、それは万人《ばんにん》に備わっています。詩情は、あった方がよい、というものではありません。なくてはならないはたらきです。

また、詩情に目覚めていないと、自分の気持ちの深みに気がつかないことがあります。自分はこんなに悲しんでいる、苦しんでいる、ということに気づかない、もちろん他人が苦しんでいることにも気づかない。

しかし、ひとたび気がつきはじめると、なかったことにはできません。

**――詩情は本能ではなく、特別な才能なのではありませんか。自分を含め、周囲を見ているとそう感じます。**

違います。私たち、すべての人に眠っている力です。万人に宿っているちからです。でも、それが開花しているかどうかは別の問題です。

詩情はすべての人に、わけへだてなく与えられていることは、昔の人も認識していまし

た。このことをはっきりと述べたのが、『古今和歌集《こきん》』の仮名序《かなじょ》――かな文字まじりで書かれた序文――です。

やまとうたは、人の心を種《たね》として、万《よろづ》の言の葉《は》とぞなれりける。世の中にある人、ことわざ繁《しげ》きものなれば、心に思ふことを、見るもの聞くものにつけて、言ひ出《いだ》せるなり。花に鳴く鶯《うぐひす》、水に住む蛙《かはづ》の声《こゑ》を聞けば、生きとし生けるもの、いづれか歌をよまざりける。

（『古今和歌集』『新編 日本古典文学全集』）

ここで重要なのは、詩情は、人間にあるだけでなく、万物にある、と高らかに宣言していることです。

「花に鳴く鶯、水に住む蛙の声を聞けば、生きとし生けるもの、いづれか歌をよまざりける」、鶯や蛙の声を聞いていると、生けるものすべてが、それぞれの「歌」を詠んでいるのが分かる、というのです。

詩は、世界と人間の詩情の響き合いのなかに生まれる、と言った方がよいのかもしれません。

道元《どうげん》（一二〇〇～一二五三）という鎌倉時代の僧がいます。彼は詩情ではありませんが、内なる仏に目覚めるはたらきにふれ、次のように述べています。

この法は、人々《にんにん》の分上《ぶんじやう》にゆたかにそなはれりといへども、いまだ修《しゆ》せざるにはあらはれず、証せざるにはうることなし。（「弁道話」『正法眼蔵』）

仏法を受け止めるはたらき、それを道元は仏性《ぶっしょう》といいます。仏性は「ゆたかにそなは（備わ）」っている。だが、ある修行をしなくてはそれが現れることなく、それを証する、すなわちそれを生きることはできない、というのです。同じことは詩情にもいえます。

**――宗教と文学は違うのではないでしょうか。仏性と詩情は異なるはたらきだと思います。**

もちろん、仏性と詩情は同じではありません。しかし、この二つは強く共振するものでもあります。これまで宮沢賢治の言葉にふれてきました。彼は敬虔な仏教徒、ことに法華経の行者でもありました。

文学と宗教も同じではありません。しかし、この二つのあいだにも強い結びつきがあります。賢治は、詩だけではなく、童話も残していますが、彼があれほど多くの童話を書いた目的の一つには、法華経の世界を一人でも多くの人に伝えたいという願いがあったのです。

仏教だけではありません。宗教が開花したところには、必ずそれを受け止める文学があります。何よりも、道元がいう仏性がすべての人に等しく内在しているように、詩情もまたすべての人の内に存在するのです。

一見すると文学から遠いところで生きている人にも詩情が宿っていて、内なる詩人を胸に秘めながら生きているのです。

しかし、それを目覚ませることなく生活していることが多いのも事実です。先にも述べましたが、私自身がそうでした。

**——でも、やはり自分をふくめて、詩情と無縁な人もいるような気がします。**

これまでもお話ししてきたように、詩とは、自らの内面、あるいは世界の深みにあって、容易に言語化できないものを、この世に表わそうとすること、この世に顕現させようとする営みです。

## 誰もが内なる詩人を
## 胸に秘めながら生きている

こうした詩的感覚を別なところに注いでいる場合もあります。

寺田寅彦（一八七八～一九三五）という物理学者がいます。彼は夏目漱石（一八六七～一九一六）の年若き友でもあり、優れた随筆家でもありました。彼は、科学者と芸術家は、世にいわれているよりもずっと近いところにいる、と述べています。

「科学者と芸術家」と題するエッセイで彼は、「科学者と芸術家の生命とするところは創作である」と書いたあと、こう続けています。

他人の芸術の模倣は自分の芸術でないと同様に、他人の研究を繰り返すのみでは科学者の研究ではない。もちろん両者の取り扱う対象の内容には、それは比較にならぬほどの差別はあるが、そこにまたかなり共有な点がないでもない。科学者の研究の目的物は自然現象であってその中になんらかの未知の事実を発見し、未発の新見解を見いだそうとするのである。

（『寺田寅彦随筆集』第一巻）

世にただ一つのものを見出し、それをただ一つの、自分の人生によって裏打ちされた言葉によって表現しようとするところは、まるで詩を書く技法を語るようです。寺田のいうように、社会には、科学者という語らざる詩人がいるともいえます。

文学などあまり興味がない、自分は科学が好きだという人のこころのなかで、豊かに詩情が育まれていることも少なくないのです。

美術館で絵を見るとき、あるいは彫刻にふれるときにも、一篇の詩を味わうような気持ちに包まれることがあります。

アスリートが、全身全霊を込めてからだを動かすとき、私はそこに詩情を感じることがあります。

**——生きることと詩が、それほど深く関わるというのは驚きです。でも、まだあまり実感がわきません。**

あせる必要はありません。自分で詩の扉に鍵をしないようにだけ注意してください。詩の世界へと通じる扉には、もともと鍵など締まっていないのです。いつでも、誰もが自由に出入りできるのが詩の国であることを忘れないでください。

世の中には古今東西、いろいろな詩があります。その文化、その時代、その地域によってもさまざまです。

これまでも現代の自由詩だけでなく、和歌も引いてみました。この本では、和歌や俳句もあるいは漢詩も広い意味での「詩」として扱っていきます。

海外では俳句的感覚を生かした、HAIKUという英語詩もあります。

俳句は、松尾芭蕉（一六四四〜一六九四）に始まり、明治になって正岡子規（一八六七〜一九〇二）によって今日の姿に定まった、といってよいと思います。芭蕉の時代は、一句で味わう「発句《ほっく》」と複数で行う「連句《れんく》」がともに盛んでした。子規以降は発句、すなわち今日の俳句が主流になっていきました。

ともあれ、江戸時代の日本に生まれ、明治に完成した俳句が、異なる文化の人の胸にも響き、その心をゆさぶるのです。

芭蕉の弟子でもある服部土芳《とほう》が著した俳諧論『三冊子《さんぞうし》』は次の一節から始まります。「俳諧は哥也《うた》。哥は天地開闢《かいびやく》の時より有《あり》。」、俳諧は「歌」である、歌はこの世のはじまりからあった、というのです。詩歌という言葉があります。和歌でも俳句でも自由詩でも、どの様式の詩から始めてもよいのです。

## ——散文は書けそうですが、詩となるとむずかしいように感じてしまいます。

詩には「散文詩」と呼ばれる様式があります。散文詩も、とてもよい詩の入口になります。ここで「よい」、というのは、秀でた作品を書く、ということではありません。多くの人に開かれた、という意味です。

現代詩で散文詩に新しい地平を開いた詩人に、以倉紘平《いくらこうへい》（一九四〇〜）がいます。関西を拠点にして、現在も活躍している人物です。彼は、多くの詩集を世に送り出していますが、どの詩も平易な言葉で記されています。詩は、つねに市井《しせい》の人々のこころに寄り添うものでなくてはならないと考え、詩作を続けています。

ここでは彼の『沙羅鎮魂《さらちんこん》』という詩集に収められている「馬」と題する詩の一節を糸口にしながら、散文詩の道を歩いてみましょう。

平安時代の終わり、鎌倉時代が始まろうとしているころの話です。この詩人は『平家物語』の言葉を引きながら、自らの経験を詩にしていくのです。

一の谷の合戦で敗れた平家の総帥《そうすい》平知盛《たいらのとももり》が、敵に追われ、乗っていた馬もろとも海に入る。味方の船に助けられるのですが、船上には馬が乗る場所はありません。馬は、主との別れを惜しんでしばらく船を離れようとしません。しかし、事情を理解したのか、陸に向かって泳ぎはじめます。その距離がだんだん遠のいていくなかで、馬は船の方を振り返って、二、三度いななくのです。

そうした場面に呼応するようにこの詩人は次のように書いています。

――ところでこの馬は、ふりかえっていったい何を見たというのだろう。十代の頃、私はこの馬のいななきに、人間と馬の親密な絆を思って涙した。二十代で、厳然たる運命の支配に対する澄明な悲しみを見た。三十代で、王朝世界の滅亡の挽歌《ばんか》を聞いた。そして、四十代になって私は確信するに至った。人間の愚かしい営みなど、あの澄んだ馬の瞳は何も映していなかったのだと。

## 手応えのある読書の経験は、そのまま詩作へとつながる

ここでこの様式を勧《すす》めたいと思ったのは、ある手応えのある読書の経験は、そのまま詩作へとつながることを明らかに示してくれているからです。

『平家物語』のような古文でなくてもかまいません。ある発見となつかしさが同時に感じられるようなとき、私たちは、その言葉を頼りに詩を書くことができるのです。

この詩人は、長く『平家物語』に親しんできました。若き日に印象に残った光景が時の経過とともに彼のなかで育っていきます。彼はその道程《どうてい》も詩に記しています。そういう意味で彼にとって詩は、かたちを変えた精神的自伝のようなものでもあります。

先に引いた言葉は、この詩人の個的な経験だともいえますが、必ずしもそこに終わらない何かを含んでいます。

詩というのは、その存在の深みに入っていって、普遍性を確かめていく動きです。「普遍性」とは、すべての人とつながること、という意味です。

詩は、どこかで「普遍」を求めて書く営みです。それはすべての人と言葉によって交わり、ふれ合おうとすることにほかなりません。

むずかしく考える必要はないのです。普遍のはたらきがあるから私たちは、未知の人が、ある耐えがたい悲しみや苦しみを語るとき、その人物をよく知らないにもかかわらず、深く共振することがあります。

話している方も、その共感する姿を見て、あなたは私のことなどほとんど知らないではないか、と疑いを抱いてもよいのですが、そうはなりません。

理由を明らかに語ることはできなくても、何か大切なものが、そのまま胸に飛びこんでくるように感じる。これが「詩的経験」です。

**――そういう経験ならあるかもしれません。**

もちろん、あると思います。それも日常的にあるのではないでしょうか。

とても親しい友人が悩みを抱えて相談にきたとします。真剣にいろいろと話し合う内にいつもよりも強くその人とつながるのが分かります。

こうしたときは、聞いているだけでなく、助言をしたりすることもあります。

どうして自分はこんなことを話しているのか――こんな偉そうなことを話しているのか
――と感じることはないでしょうか。

いい加減なことを語っているわけではないのです。そこでは誠実を尽くしている。友のことを真剣に思い、説教をしているわけではなく、心から寄り添っている。そうでありつつ、自分がそんなことをいえる人間ではないことも自覚している。そして、相談にきた友人も、ありがとう、と言ってくれてもいる。

こうしたときに言葉は、自身の能力をはるかに超えて、他者とのあいだに見えない橋を架けます。

もし、このとき語られた言葉を、そのまま文字にできたら、それは、途轍《とてつ》もないちからをもった詩になるはずです。でも、多くの人はそれを、詩作と結びつけようとはしません。


**――他の人とつながるためには、詩を書かなくてはならないのですか。**

いいえ。未知の他者とつながるということは、詩でなくてもできます。音楽や絵画にもこうしたはたらきがあります。

詩と絵画の関係をめぐって夏目漱石が『草枕』の最初の章で興味深いことを書いています。

住みにくき世から、住みにくき煩《わずら》いを引き抜いて、難有《ありがた》い世界をまのあたりに写すのが詩である、画《え》である。あるは音楽と彫刻である。こまかに云《い》えば写さないでもよい。只《ただ》まのあたりに見れば、そこに詩も生き、歌も湧《わ》く。着想を紙に落さぬとも璆鏘《きゆうそう》の音《おん》は胸裏《きようり》に起《おこ》る。

暮らしにくい世界から、世の煩いをとりのぞき、世界のありのままの世界を描き出すのが詩である、そして詩も画も音楽も通底するものは同じだというのです。

さらに詩は、必ずしも言葉にしなくてもよい、とも述べています。「無声の詩人」（書かない詩人）がいるように「無色の画家」（描かない画家）もいる。それでも詩情——ここでは「璆鏘の音」という言葉で表現されています——は胸中に広がる、というのです。これはほんとうです。

「璆鏘の音」とは、この上ない美しい調べのたとえで、音楽だけでなく詩を愛《め》でるときにも用いる表現です。

詩を書かない詩人は、世の中に多くいます。むしろ、無数にいる。詩を書かないだけで、いつでも書ける詩人です。

しかし、詩を書けば、その人が感じているよろこびや生きることの意味が他の人にも伝わるのも事実です。あるとき、その言葉は困難にある人を助けることができるかもしれません。漱石が書いてくれたから、私たちは今、詩情の問題を改めて考えているわけです。

音楽や絵画も素晴らしい道です。しかし、これらにはある技術が必要です。しかし、詩にはほとんど技術と呼ばれるようなものは必要ありません。

そして、他者とつながる道はいくつあってもよいのではないでしょうか。むしろ、多ければ多いほどよいともいえます。

**――音楽や絵画が芸術なのは分かります。詩も芸術なのですか。**

漱石がそう感じていたことは、先の一節からも明らかです。詩は、言葉の芸術です。ここでは芸術を、美のちからを借りて、他者とつながり、この世界の深みを感じようとする試みだと定義したいと思います。

広い意味で美のちからを信じ、それを他者と分かちあおうとする試みが、芸術です。
不思議なのは、こうしたことをまったく意識しないところにも芸術が生まれることです。意識しないだけで、その人の深層《しんそう》意識には美に対する信頼があるのだと思います。

## ――定義とはどういうことでしょうか。

「義」は、意味を指す言葉です。定義とは、言葉によって意味を定めることです。私たちはしばしば、一つの文字を異なる意味において用いています。

第1章で「花」をめぐっても話しましたが、そうした歴史的な意味の重なりだけでなく、人はそれぞれの経験によって言葉を知らないうちに定義していることが少なくありません。

フランスの哲学者にアラン（一八六八〜一九五一）という人物がいます。彼に『定義集』という遺著《いちょ》があります。彼は自分にとって大切な言葉を定義していました。ほかの人に見せるためではありません。自分で手応えをたしかめるために定義していたのです。たとえば彼は、「落胆」と「落ち込み」を次のように書き分けています。

落胆

これは思いがけないショックから陥る状態で、落ち込みとはまったく異なる。落ち込みはじわりじわりと落ち込んでいくものである。落胆は自然なもので、それには時間をおかねばならない。気持ちを落ち着かせる時を。（神谷幹夫訳）

落ち込み
これはたくさんの大きな不幸や小さな不幸と出会うことから起きる、希望の見えない悲しみの状態である。落ち込みに対しては次の格言が勧められる。「一度にただ一つのことをやるがいい」。（神谷幹夫訳）

落胆は、ある出来事によって起こる、ある「ショック状態」で、落ち込みは、ある不幸によって引きおこされる「悲しみ」だというのです。落胆から復帰するためには時間を準備し、落ち込みから抜け出るためには、同時に多くのことをするのではなく、「一度にただ一つのことをやる」のがよい、とも述べています。

言葉を定義する、ということは、いわば、自分の辞書を作っていくということでもあります。アランが行ったように自分の『定義集』を作っていくのもよいかもしれません。

**――さきほどの「普遍」という言葉が少し分かりにくく感じます。**

詩は、言葉の芸術です。芸術には、現実の区切、現実の壁を越えていくはたらきがあります。特殊なものでありつつ、普遍なものに開かれています。それを言葉によって実現しようとするのが詩です。

普遍を考えるには、その反対である特殊ということをいっしょに考えるのがよいかもしれません。

世界には同じ人は二人いません。人は誰もが「特殊」な存在です。しかし、そうでありながら、私たちは人間であるということで深いところでつながっています。この深みが「普遍」です。

少しむずかしく感じられるかもしれませんが、感触で覚えてみてください。

「特殊」も「普遍」もある場、ある広がりのように感じてみるとよいかもしれません。

未知な自分を含んだ「わたし」という場が「特殊」で、すべての人とつながる場が「普遍」です。「普通」は「特殊」であることを生かしつつ、それらを支えるようにして存在する無限な「場」です。

**――どこでそうしたことを実感できるのでしょうか。**

詩はもちろんですが、美術館や博物館も最適な場です。

たとえば私は、アフリカの文化に関してほとんど知識をもっていません。ですがアフリカのある芸術に心動かされることがあります。その目的も用途も知らないあるものに強く惹《ひ》かれることがあるのです。単に気分的なものではなく、ある確かな手応えがあるものとして感じられます。

そして、あとで調べてみると、自分がとても関心のある分野と深く関係するものだったことが分かる、という場合も少なくありません。

詩の世界でいえば、それを書いた詩人の名前も生涯も知らない。それでもその詩に感動したりすることは、日々、経験します。

むしろ、私は、そうした未知なる詩人たちとの出会いを渇望《かつぼう》しています。

**――そうした出会いのためには何をすればよいのでしょうか。**

出会いをたしかに感じるはたらきを、ここでは「詩的直観」と呼ぶことにします。

直観とは、文字通り、「直《じか》」に「観る」ことです。「観」は、人生観という言葉が示しているように、ことが時間をかけてゆっくり観《み》えてくることです。

直観を養うためには、何かをする、というよりも、「しない」ことが大切だ、といった人がいます。柳宗悦《やなぎむねよし》（一八八九〜一九六一）です。

彼は近代日本を代表する哲学者であり、民藝《みんげい》運動という美の革命といってよい出来事の中心的な役割を担った人物でもありました。彼は「茶道を想う」という一文で、直観を妨げるものとして、「思想」「嗜好《しこう》」「習慣」を挙げています。

「思想」とは、ある特定の主義主張ということです。
「嗜好」とは、自分の好み、好き嫌いということです。
「習慣」とは、昨日見たので、今日改めて見る必要はない、というような、新しい今の意味を見過ごしている状態です。

これらの三つから離れることで直観はおのずとはたらき始める、というのです。

詩的直観も、出来事としては一瞬ですが、それは長い時間をかけて準備されてきたものが、突然開花した、という方が精確です。それを育むのにも少し時間が必要です。

## 感性は万人に等しく与えられているが、感受性は個々の人によって違う

**――そうなると感性や感受性が大切だということでしょうか。**

もちろん、感性と感受性は大切です。それが豊かに育まれているのはすばらしいことです。でも、感性と感受性は違います。

感性は万人に等しく与えられているものですが、感受性は個々の人によって違うものです。

さまざまな賢者たち――たとえばプラトン（BC四二七～BC三四七）や道元――が、強調するように、人間性は誰にも完全に備わっています。

哲学者のデカルト（一五九六～一六五〇）もそう述べています。良識は、万人に備わっているはずだというのが、彼の哲学の原点です。

ここでの「人間性」とは、知性、理性、感性、霊性のはたらきです。これらは等しく人間に内在しています。

「性」という言葉は、ある「はたらき」、または、ある「状態」を示す言葉です。人間には、大きく四つのはたらきがあります。

心を感じる「感性」。

世界の在り方を理解する「知性」。

世界のはたらき、理を認識する「理性」。

神仏など人間を超えたものを感じる「霊性」。


詩を書くということには、これらすべてが関係しています。

感性が働くと、知性と理性はそれと呼応していきます。すべてがともに育っていく。もちろん、人にはそれぞれの特性がありますが、現代人は知性と理性がよく育っていて、感性がそれに追いつかない、という場合もあります。

詩は、主に感性を育てます。感性は、他者のこころを感じるだけではありません。自分のこころのありようを感じるはたらきでもあります。

詩は、個々の人間の「私」の内界を照らし、その姿を自分のために描く営みでもあります。

感受性は、感性が、個的に花開いたものだといえます。「感性」が鈍い人などいません。その人は感受性が十分にはたらいていないだけです。

自分の感受性にあったものと出会うための旅、それが詩を読むことでもあり、詩を書くことでもあるのです。

# 第3章

# 詩を書く

二十世紀の代表的な教育改革者として知られるマリア・モンテッソーリ（一八七〇〜一九五二）が興味深いことを語っています。

あるとき彼女は四歳にならないくらいの子どもが、読むことよりも書くことを先に、それも積極的に行うのを見て驚きます。読めなければ書けないではないかと私たちは思いがちです。しかし、このことをめぐって彼女は次のような言葉を残しています。

このような子どもたちは、チョークで道や壁に書いたりして、書くために手でできるものすべてを使おうとします。そのための空白があれば、どこにでもおかまいなしに書こうとするものですから、一度などパンにさえ書いた跡を見つけたことがありました。また、鉛筆や紙を買うお金もない、貧しく文字も書けない母親たちが、子どもの欲求を満たそうと助けを求めてきた時、私たちがそれを援助してあげたところ、子どもたちは起きている間、文字を書き続け、ついには鉛筆を持ったまま眠ってしまった、ということもあったのです。

（「モンテッソーリ法の発見と展開」『新しい世界のための教育』関聡訳）

同じところで彼女は、こうした現象を「書くことの爆発」と表現しています。また、彼女はこのことが、自分の考えではなく、「発見」だったと繰り返し述べています。

彼女の著作を読んだとき、詩作をめぐって自分が感じていることとあまりに近いので驚きました。私は、成人を対象に「読むと書く」という講座を行っていますが、モンテッソーリのいう「書くことの爆発」に近しい現象を何度も見ているからです。

もちろん、表われ方は違いますが、成人の場合、この創造的「爆発」は、主に内面で起こるのです。

そして、もう一つ、大きな驚く出来事がありました。モンテッソーリに関心がある、と母に話していたときのことです。自分が、三歳からモンテッソーリ教育を柱にすえた幼稚園に通っていたことを知ったのです。

たしかに振り返ってみると、私は「読む」ことよりも「書く」方がずっと先でした。はじめてまとまった文章を書いたのは小学生のときです。しかし、自分から進んで本を手にしたのは高校生のときでした。

あるときまでは本を読むのが面倒に感じていたから、あるいは読書のよろこびを知らなかったから本を読まないのだと思いこんでいましたが、今は、それが自分の本能に近い自然な開花だったことがよく分かります。

ですから、皆さんにも詩を「読む」ことよりも、まず、「書く」ことをすすめたいのです。

## 「読む」ことよりも「書く」方が先にくる

そして、「読む」と「書く」を相乗《そうじょう》的に、そして呼吸するように深めていっていただきたいと思います。

**――詩を書くというのは、能力の問題ではないということでしょうか。**

たとえば、外国語の詩を読むためには語学力という能力が必要です。しかし、詩を書くために必要なのは能力よりも、真剣かどうかの態度です。

詩を書くためには詩を読まなくてはならない、というのはもっともらしい話ですが、かならずしもそうでなくてもかまわないと思います。むしろ、書くことが先になる、というのがほんとうではないでしょうか。

感性は、能力の問題ではありません。むしろ、求める態度の違いかもしれません。ほんとうに求めれば、詩の扉は姿を顕わし、言葉が、私たちを詩の国へと導いてくれます。

世の中で能力との関係で語られるのは感受性です。感受性には個人差がありますし、特性もあります。同じ感受性は存在しません。教育にもよるし、経験にも、考えの深さによっても違ってきます。

茨木のり子（一九二六〜二〇〇六）に「訪問」という詩があります。この詩を読むと詩を

詩を書くために必要なのは
能力より、真剣かどうかの態度

書くとは「書く」能力よりも「待つ」ちから、あるいは、訪れるものを見逃さない力であることがよく分かります。

ひとつの言葉が
訪ねてきて
椅子に坐る
よォ!

わたしの頭のなかの
小さな椅子に
あるいは三つ四つ連れだってきて
ベンチに並ぶ　どこから来たのか
訝《いぶか》しいが　お茶などいれる
会話がはじまる
荒けずりだが　魅力がある

ちょっと　もてなす

あっというまに彼らの仲間は一杯だ
芋づる式にというか
言葉が言葉を呼び込んで
手品のように溢れかえる

傍若無人《ぼうじゃくぶじん》
かれらにとっての
つかのまの
鳩舎《きゅうしゃ》のように

音符がひとを訪れるときも
こんなふうなのかしら
かれらが来なかったら
わたしの胸の弦《げん》も鳴り出さなかった

いずこかへ
いっせいに飛び立ったあと
詩の一行が
出口を求めはじめる

（『寸志』『茨木のり子集　言の葉』2）

これは彼女の詩の創作の秘密を教えてくれている作品です。私たちは多くの言葉を知る必要はない、一つの言葉と深く出会えば、あとは「芋づる式」に「言葉が言葉を呼び込んで」くる。彼女は「手品のように溢れかえる」とさえ、書いています。

また、ここで彼女が、漱石と同じく、詩と音楽を近しいものとして書いているのも注目してよいと思います。

しばしば目にするけれども用いるのはむずかしい、という言葉もあります。その典型が「愛」ではないでしょうか。

愛は、すべての人のこころにあります。ですが、愛情の表現は千差万別です。苦手な人がいるとします。その人に愛がないのではなく、表現が未熟なだけです。愛とは何かを考え、愛という言葉を用いるのは大変かもしれません。
しかし、茨木のり子の言葉がほんとうであれば、まったく異なる言葉と深い関係を持つことで自然に「愛」という言葉とも関係ができてくるということになります。

**――それがいつ訪れるかは、どうやって知ることができるのでしょうか。**

いつか訪れるのではなく、いつでも訪れているという言い方もできて、私たちがそれに気づかない場合もあります。

こうした出来事を「詩の訪れ」と呼ぶことにします。

後でまたお話ししますが、詩を書くことは、詩の訪れに対して私たちを鋭敏にしてくれるのです。

詩を書いていると、詩の訪れに対して、書く以前よりもより繊細《せんさい》になれます。

**――詩を書くには、言葉を知らなすぎるように感じてしまいます。**

語彙《ごい》が多いか少ないかは詩を書くのとは関係ありません。

## 語彙が多いか少ないかは詩を書くのとは関係がない

このことは絵を描くときの色をたとえにするとよいかもしれません。無数の絵の具があればよい絵が描けるのではないのです。画家が求めるのは必要な色であって、多くの色ではありません。

優れた画家は、描きたい絵が定まったら絵の具を探しに行きます。ときには自分で絵の具を作ることもある。

これは詩を書くときの詩人ととてもよく似ています。私たちは言葉を書物のなかに探すのです。

また、ある画家は、墨があれば描き始めるかもしれません。水墨画でも宇宙の神秘を描き出すことはできる。

黒一色が、水と合わさることで黒一色では描き出せないものを世にもたらします。これは言葉と余白の関係にとてもよく似ているように思います。

もし、言葉数が少ないなら、その言葉で書き始めればよいのです。

最初は一つの植物しか咲いていない広場でも、時を経るごとに変化し、いつしか林や森になることもあります。

使い慣れない言葉で目立つことを書くよりも、親しい言葉で、切なるものを書く方がずっと重要です。

また、必要な言葉は、早くではなく、こころに沈めるようにゆっくり覚えていくのがよいと思います。

**——でも、誰に向かって、何を書いたらよいのか分かりません。**

とてもよく分かります。

まず、詩人でなくてもかまいませんから、自分が本当に敬愛する人物を見つけるところから始めるとよいと思います。その人は、生きていても、亡くなっていてもかまいません。その人に向けて書くのです。言葉の贈り物を届けるように詩を書くのです。

不思議な感じがするかもしれませんが、歴史に名前を残している詩人のなかには幾人もこうして創作を続けた人がいます。

「読む」、「書く」という行為は、単に情報を得たり、それを伝えようとする営みではありません。本質的には、未知の他者と対話しようとすることだといえます。

私たちにとってもっとも大切な仕事は、自分が何ものであるかを本当の意味で認識することですが、そのためには他者という存在が不可欠なのです。

## 過去の自分や未来の自分に向かって詩を書くこともできる

**――何を書くかではなく、誰に書くかを先に決めるのでしょうか。**

どちらでもかまいません。自然に書けるならば、どんどん書くのがよいと思います。先にモンテッソーリは、書き始めた子どもは、紙がなくなるとパンにも文字を書いていたと語っていました。大人である私たちはそこまではしなくてもよいのですが、紙があれば、どこにでも詩は書けると思います。

ですが、どう書いたらよいか分からないというときは、誰にということを決めると書きやすいと思います。

友人なのか、愛する人なのか、あるいは敬愛する人物なのかによって言葉のすがたが変わってくるかもしれません。

**――そういう人が見つけられないときはどうしたよいのでしょうか。**

自分に向かって書くこともできます。過去の自分へ、あるいは未来の自分に向かって詩を書くこともできます。

中原中也がそうでした。中也と一緒に住んでいた友人が書いているのですが、中也は昼夜逆転の生活をしていて、夜に書く、友人は寝ている。夜になにか物音がしたので起きたら、中也が涙しながら詩を書いていたそうです。

まったく予期しない言葉が自分からあふれてきたときの素朴な現象です。そういうことはもちろん起こり得る。つまり自分の心の傷を洗い流す言葉を、人は自分で書くことができるのです。

**――自分で書いた言葉が、自分を癒せるのでしょうか。**

人がいちばんつらいとき、そばにいるのは人間ではなく、言葉です。これは素朴な事実ですが本当です。

また、私たちはそうしたときに言葉を探します。哲学者の池田晶子に言葉をめぐる印象的な一節があります。

死の床にある人、絶望の底にある人を救うことができるのは、医療ではなくて言葉である。宗教でもなくて、言葉である。

（『あたりまえなことばかり』）

これは哲学者としての彼女の原点であり、帰っていく地点でもあったと思います。はじめてこの一節にふれたとき、その意味もよく分からないままでありながら本に印をつけていました。それから少し年月を重ねていくうちに、このことが真実であることが分かってきました。

学校に行きたくない、職場にいくのがいやだ、他の誰とも会いたくない、と感じることは誰にだってあります。

そういうとき、誰も励ましてくれないのであれば、自分で自分を励ますしかありません。もう一歩踏み込めば、もっともたしかに自分を励ますことができるのは自分だといえるかもしれません。このとき、私たちを支えてくれるのは言葉です。

それは、読んだ言葉である場合もあります。しかし、書いた言葉の方がよりたしかに強く自分を支えてくれます。

### 詩は、優劣の世界から私たちを解き放ってくれる

**――「書く」ことの意味は少し分かりました。でも、詩でなくてはならないのでしょうか。**

あえて詩をすすめたいのは、詩は、優劣の世界から私たちを解き放ってくれるからです。

詩に優劣がない、というと不思議に感じるかもしれません。詩は、優劣というよりも未

熟か成熟しているかが問題です。しかし、未熟であっても、誰かの作品にくらべて「劣っている」のではありません。

世の中には詩を優劣で判断する傾向があることはよく理解しているつもりです。しかし、私たちが今、ここで考えている詩は、そうしたものとは異なる世界で行われるものです。

これから詩を書こうとする人に、いつもかたわらに置いておいてほしい本があります。リルケの『若き詩人への手紙』です。この本はリルケの作品ではありません。ある若者に送った本当の手紙です。

そこで彼はこれから詩を書こうとする若者にまず、戒めるのは評価されることを主眼《しゅがん》に詩を書くことだったのです。

「そうしてこの内面への転向から、この自己の世界への沈潜から詩の幾行かが立ち現われてくる時、その時あなたはもはやそれがよい詩であるかどうかを、誰かに尋ねようなどとはお考えにならないでしょう」と書き、リルケはこう続けます。

またあなたは雑誌のたぐいに向って、これらの労作に関心を抱《いだ》かせようなどとは試みられることはないでしょう。なぜなら、あなたはその詩の中に、あなたの心ゆく自然な所有を、あなたの生命の一片、あなたの生命の声を見られるだろうからです。必然から生れる時に、芸術作品はよいのです。こういう起源のあり方の中にこそ、芸術作品に対する判断はあるのであって、それ以外の判断は存在しないのです。だから私があなたにお勧めできることはこれだけです、自らの内へおはいりなさい。そしてあなたの生命が湧《わ》き出てくるところの深い底をおさぐりなさい。

（高安国世訳）

詩は、こころの深みから送られた自分への手紙だというのです。どうしてそんなに大切なものを他者の優劣の目にさらさなくてはならないのか。それが活字にならないと満足できないのか、というのです。

広く他者に読まれるのは素晴らしいことです。しかし、それは詩を書くときのもっとも重要な目的ではない、とリルケは若者に語るのです。

## ――詩を書くとき評価は考えなくてもよいのでしょうか。

評価を得たいと思う人はそれを追求すればよいのだと思います。そこにもある充実があるのかもしれません。しかし、ここで試みたい詩はそうしたものではありません。

詩の本来の役割は、世界の暗がりを言葉によって照らし出すことです。暗がりは、さまざまなところにあります。外の世界だけでなく、内なる世界にもある。大きな試練、耐えがたい悲しみや苦しみを背負いながらも、それを語らないまま生きている人もいます。
こうした試みの前に「評価」は、ほとんど意味を持たない、と私は思います。

**――詩を書く目的は、ほかにありますか。**

先にいった「暗がり」は、外の世界にだけあるのではありません。私たちの内面にもあります。
詩を書くことを勧めたいのは、詩は表層意識だけでなく、私たちの深層意識、こころの深いところにあるものを表現することができるからです。
別の言い方をすれば、意識で考えていることだけでなく、ある意味では思考が及ばないところに大切なものがある場合がある。リルケは、同じ手紙で次のようにも書いています。

あなたの問いには、あなたの最も内部の感情が、最もひそやかな瞬間におそらく答えてくれるものでありましょう。

（高安国世訳）

ここに記されていることは本当です。リルケが「最も内部の感情」に潜んでいる人生の宝を私たちは見過ごしていることが少なくありません。事実、私がそうでした。私たちは自分に必要なものをすでに内に宿している。私たちは詩を書くことで、それを浮かびあがらせ、自分を励ますことができるのです。

もしかしたら、必要なものは誰かから与えられる、あるいはお金を出して手に入れなくてはならない、と信じ込んでいるかもしれません。詩を書くことは、そうしたことが、思い込みに過ぎないことを教えてくれます。

**――自分で自分を励ますのは、何かさびしい感じがします。**

よく分かります。しかし、自分以上に自分の深いところを感じ、励まし得る存在はいないともいえます。

自分以外に対話の相手がいない。それが孤独です。しかし、人生には孤独を深めなくてはならないときがあります。そして、そのとき私たちはとても重要なものを人生から受け取るのです。

吉野弘（一九二六〜二〇一四）という詩人が、「自分自身に」と題する詩で、このことにふれています。

他人を励ますことはできても
自分を励ますことは難しい
だから――というべきか
しかし――というべきか
自分がまだひらく花だと
思える間はそう思うがいい
すこしの気恥ずかしさに耐え
すこしの無理をしてでも
淡い賑《にぎ》やかさのなかに
自分を遊ばせておくがいい

（『吉野弘詩集』）

ここでの「すこしの気恥ずかしさに耐え」というのは、まさに詩を書くことにほかなりません。

一見、気恥ずかしく思われるようなことでも大切なことがあります。ある人生の節目に大切な人にこころからの言葉を贈る、というのもそうした行為の一つです。それは「淡いよろこび」や「淡い賑やかさ」という言葉が分かりにくいかもしれません。それは「淡い望み」と置き換えてもよいと思います。

書くということは、私たちの人生にほのかな光をもたらしてくれることがあるのです。この詩は、単に楽観的であれ、といっているのではありません。安易に未来を先取りしてはならないというのです。

人は自分のことは自分で分かっていると思いがちです。でも、本当にそうでしょうか。自分の知らない自分から励まされる、そこに詩の大きな役割があります。

**――ほかの詩人も自分で自分を励ましていたのでしょうか。**

中原中也にもそうした詩があります。次に引くのは「一つのメルヘン」と題するものです。

秋の夜は、はるかの彼方《かなた》に、

小石ばかりの、河原があつて、
それに陽は、さらさらと
さらさらと射してゐるのでありました。

陽といつても、まるで硅石《けいせき》か何かのやうで、
非常な個体の粉末のやうで、
さればこそ、さらさらと
かすかな音を立ててもゐるのでした。

さて小石の上に、今しも一つの蝶がとまり、
淡い、それでゐてくつきりとした
影を落としてゐるのでした。

やがてその蝶がみえなくなると、いつのまにか、
今迄流れてもゐなかつた川床に、水は
さらさらと、さらさらと流れてゐるのでありました……

（『中原中也詩集』）

悲しみや苦しみに苛まれることは誰にでも起こります。でも、そのとき、いつも隣に誰か励ましてくれる人がいるとは限りません。

もっといえば、人は、他の人からどんな言葉を掛けられても慰められない痛みを背負うことだってあります。でも、そんなときでも詩の扉を開ければそこに必ず内なる詩人がいて、本当に必要な言葉を与えてくれるのです。

さらにいえば人は、一人のときにこそ勇者になる。一人になった時に、自分の中にある力を感じて、言葉を紡《つむ》ぎ、詩の炎をもって世の中に出ていくことができるのです。

さびしいのはよくないことのように感じられます。しかし、さびしさにもさまざまな「さびしさ」があります。詩人のなかには、さびしいと感じるのは「よい」ことだという人もいます。

もうけつしてさびしくはない
なんべんさびしくないと云つたとこで
またさびしくなるのはきまつてゐる

けれどもここはこれでいいのだ
すべてさびしさと悲傷《ひしょう》とを焚《た》いて
ひとは透明な軌道《きどう》をすすむ

（宮沢賢治「小岩井農場　パート九」『心象スケッチ　春と修羅』）

賢治は、「さびしさと悲傷」を焚くといいます。彼にとって詩を書くとは、言葉の炎で自分の人生の道を照らしだすことでした。

さらに言えば、詩は、信仰なき祈りでもあります。宗教をもたなくても、生きられます。でも祈りなくして生活することはできません。

大切な人を喪ったら、呻《うめ》かずにいられないでしょう。大事な人が困っていれば共に悲しみ、祈らずにいられない。

どうして自分だけ、どうして自分が大切におもうこの人が、こんな試練に遭《あ》うのだ、と心のなかで嘆き、怒ることがあります。でも私たちはこのとき、いったい誰に向かってそうした心持ちをぶつけているのでしょう。

人生に対して大きな文句をつけたり、嘆いたりすることは祈りの始まりです。

こういうとき、人は苦しみ、嘆くだけではありません。同時に自分でも驚くようなちからが宿ります。そして人は、祈りをかたちにすることができるのです。

さらにいうと、ほんとうの祈りは大いなるものの声を聞くことです。人は嘆くことでかえって内なる声を聞こうとしているのだと思います。

内なる祈りが存在するのと同じくらいに、内なる詩は、はっきりと私たちのなかに存在する。

祈れない人はいません。それと同じ意味で、詩が書けない人はいない、そう私は確信しています。

思いつきでいっているのではありません。私は、これまで数千の、市井の人々が書いた詩を読んできました。これまで詩を書いたことがない、という人たちによってつむがれた詩です。

その言葉は、世に詩人と呼ばれている人の作品に勝るとも劣りません。

詩は、書こうとさえすれば誰にでも書けるのです。そうでなければ、詩を書くことをすすめたりはしません。

**――詩を書く意味は少し分かりました。でも、とても大変そうな気がします。**

本当に楽しいことは、少しだけ「大変」なことではありませんか。簡単なことを安易に繰り返すことから卒業する、それが人生の始まりです。

詩を書くということは、自分の人生という旅を始めることでもあるのです。

――**書くということは、何もかも自分でやらなくてはなりません。それを行う自信がありません。**

それはとても大切な発見です。詩の旅は、ある意味ではひとり旅なのです。しかし、ひとりで旅する者たちと、しばしばめぐり逢うひとり旅です。

――**ひとりになるのが、怖く感じられることがあります。**

一人と独りの違いを考えてみるのもよいかもしれません。一人は、物理的に一人でいることです。でも私たちは、他者と一緒にいても「ひとり」だと感じることがあります。先に見た「疎外」を感じるときです。

詩を書くということは、物理的に一人になることを求めてくるのでも、社会から孤立す

本当に楽しいことは
少しだけ「大変」

ることを求めてくるのでもありません。自分と向き合うことを求めてくるのです。何を行うときでも最初は、少しだけ勇気が必要です。しかし、詩を書くときに求められるのは、ほんのわずかな勇気です。

## ——「孤独」と「孤立」の違いがよく分かりません。

詩は、どこまでも「孤独」な営みです。でも、孤独と孤立は違います。

「孤立」は、社会的に疎外されていること
「孤独」は、一人でいること

孤立はない方がよい。むしろ、私たちはそれをなくすように働きかけなくてはなりません。でも、孤独はなくてはならない。人は、ひとりでいるときにだけ感じられることがあるからです。詩を書く、という営みは孤独の意味を感じるだけでなく、むしろ孤独をつくっていくことです。

自分一人の時間を深めていくことが人生のなかでちゃんと準備できれば、それは孤立とはまったく関係ない、ふつうに人とつきあいながら、「孤独」を深めていけます。

**――でも「孤独」という言葉には、何か否定的なイメージがあります。**

たしかに現代は、孤独と孤立を混同しています。でも孤独は、必要な時間です。むしろ、創造していかなくてはなりません。それほど重要な人生の経験です。

そして、孤独を創造できるいちばん端的なことが、「書く」ことです。

人は一人でないと書くことはできません。とても素朴な事実ですが、とても意味深いことです。

話を聞きながらペンを走らせることやメモをとることは、人といる時でもできます。でも「書く」ことは独り――一人でなくても人は「独り」になれます――でなくてはできません。

**――メモすることと書くことは違うのですか。**

辞書的には似た行為です。でも、この本ではあえて異なる意味をもって用いたいと思います。

**人は一人でないと書くことはできない**

「メモ」するとき、私たちはすでに記す内容を知っています。誰かの電話番号や住所など、そして、それは誰が書いても大きくは変わりません。

でも、「書く」という営みは違います。私たちは、書いてみてはじめて、自分が何を考えていたのかを知るのです。

出せなかった手紙を書いた経験はないでしょうか。

手紙を書くときから出さないつもりで書いたのではなく、書くことで思いを超えた文字がそこに現れたから出せなくなったのです。

たとえば、親しい友だちに対して、許せないことがあったとします。でも面と向かっては言えない。だけど、どうしてもひとこと言いたいと感じることがある。あの言動は許せない、そう手紙を送りつけてやろうと思い、手紙を書く。

でも書いている途中から、ずっとその人に助けられてきたことに気づいてしまって、手紙を出せなくなる、そんな経験はありませんか。

さらに、傷ついた言葉自体、書いているうちに、相手は自分を傷つけようとしたのではなく、励まそうとしていたことが分かってくることもあるかもしれません。

繰り返しますが、人は独りにならないと書くことはできない。だから孤独の時間をつくることと書くことは深くつながっています。

書くという行為をしていれば、人は意識しないうちに孤独の時間をつくっていることになるともいえます。

じつは、同じことは「読む」ことにもいえます。読んだことを他者と語り合うことはできます。しかし、「読む」のは、独りでなくてはなりません。

**――読むことはできそうですが、やはり書くことはむずかしく感じます。**

「書く」ことのハードルが高く感じられるのは、書いていないからです。書き始めれば、そうは感じないと思います。

うまく書こうとすると、ハードルはどんどん高くなります。

詩は、けっしてうまく書こうとしてはいけません。詩は、ありのままに書くのがよいと思います。

誰とも比べられない、自分のおもいを、自分の声で歌うように書くのです。誰かの物まねではなく、そして、誰かにほめられるためにではなく、大切な人に、この世にただ一つのものを送り届けるように書くのです。

こうした問題を考えるとき、私はいつもある人の言葉を想い出します。内村鑑三《うちむらかんぞう》（一八六一〜一九三〇）という宗教者の言葉です。講演で彼は、次のような言葉を残しています。

……私は名論卓説を聴きたいのではない。私の欲するところと社会の欲するところは、女よりは女のいうようなことを聴きたい、男よりは男のいうようなことを聴きたい、青年よりは青年の思っているとおりのことを聴きたい、老人よりは老人の思っているとおりのことを聴きたい。それが文学です。それゆえにただわれわれの心のままを表白してごらんなさい。ソウしてゆけばいくら文法は間違っておっても、世の中の人が読んでくれる。それがわれわれわれの遺物です。もし何もすることができなければ、われわれの思うままを書けばよろしいのです。

（『後世への最大遺物』）

「書く」ということに対して、これほど強い励ましの言葉を私は知りません。頭ではなく、全身で「書け」と内村はいうのです。彼自身が、生涯を通じて書き続けた人でした。

もう一つ、書けないと感じたときは「読む」ときでもあります。すぐれた詩は、読み手に「書け」と促します。

古いものでなくてもかまいません。最初は、谷川俊太郎、茨木のり子、吉野弘、長田弘といった、広い意味での同時代の人の作品がよいかもしれません。その言葉は、読み手の内にも詩情があり、詩の原型がすでに宿っていることを教えてくれます。

**――これまでの詩人たちも、先人たちによって目覚めさせられてきたのでしょうか。**

もちろんそうです。それが詩の歴史です。批評家の山本健吉（一九〇七～一九八八）は、詩の歴史とは、「詩の自覚の歴史」だと書いています。何者かに目覚めさせられて詩を書いてきた詩人たちが、後世の誰かを目覚めさせ、それを伝えていくのです。山本は、「詩の自覚の歴史」を認識するには、古代にさかのぼって、詞華集《しかしゅう》を編《あ》まねばならない、と述べ、そこにふくまれるはずのものをめぐって、こう記しています。

……その詞華集は、短歌と俳句だけが大きな部分を占めるようではいけないのである。記・紀・万葉以来、日本語によって試みられたあらゆる詩の精髄、歌謡・民謡などの口誦文学から、出来れば叙事詩・詩劇に至るまで、含めたいのである。

（「詩の自覚の歴史」『古典と現代文学』）

歴史上の詩人たちは、人は誰もが内なる詩人を秘めている事実を伝えようとしています。

## 人生には、絶壁でつかみ取った一つの岩のような言葉がある

その内なる詩人を目覚めさせていくと、自分が今、何を考え、何を生き、自分が人生から今何を問われているのかが、よりはっきり感じられるようになります。

詩と出会うことによって、人生が根本から変わる――これは私にとってだけではなく、誰にでも起こり得るし、誰にでも起こし得ることです。

自分にとって必要な言葉、自分がほんとうによすがにしなければいけないような、絶壁でつかみ取った一つの岩のような言葉が人生にはあるのです。

**――詩を書くとき、何を書けばよいのでしょうか。**

美しいと感じたもの、うれしい、かなしい、喜怒哀楽《きどあいらく》どんなものでもよいのですが、私が強く勧めたいのは「切なる」ものです。切実なものというよりも「切なる」ものです。

**――切なる、とはどんなものでしょうか。**

意味がはっきりと感じられないときは、そこに言葉を添えてみると明瞭になります。たとえば、切なる願い、という言葉があります。ここでの「切なる」という言葉には、

こころの底からの、そして、ただ一つの、という語感があります。そうした実感のあるものを詩にするとよいと思います。

**――「切なる」ものは、あまり経験したことがないように思います。**

大切な人に、自分のおもいを伝えようとして書いた手紙などは、切なる言葉に満ちています。ノヴァーリス（一七七二～一八〇一）というドイツの文学者が手紙と詩をめぐって印象的な言葉を残しています。

真の手紙は、その本性からして、詩的なものである。

（「花粉」『夜の讃歌・サイスの弟子たち』今泉文子訳）

これは本当です。心を込めて手紙を書いているとき、人は、おのずと詩人になっている、とノヴァーリスはいうのです。

手紙の文章には上手下手というものがありますが、手紙をもらったときに、その文章がまずいからといって価値を減ずることはないでしょう。

# 第4章

# 詩を書くⅡ

「書く」という小さな習慣を手にいれるだけで、私たちの生活は大きく変わります。カール・ヒルティ（一八三三〜一九〇九）は、スイスに生まれた国際的な法律家で代議士もつとめ、また、優れた思想家で敬虔なキリスト者でもありました。彼が、習慣をめぐって次のような言葉を残しています。

> 怠惰をおさえて仕事に向わせるもっとも効果的な手段として役立つのは、習慣の大きな力である。普通にはただわれわれの肉体的性質にのみ役立っているこの強大な力を、また同様に精神的方面にも役立てていけないわけがあろうか。（『幸福論』草間平作訳）

ここでの怠惰とは、単に怠けるというよりも、何かをやろうとしないことです。たしかに、よき習慣はちからです。それはときに、不可能を可能にすると私は思います。

さらにヒルティは、よき習慣を作る最大の難関は、できないと思い込んで着手しないことだと述べています。そして仕事を成し遂げるうえで重要なのは、まず、やってみることだというのです。

「われわれが習慣的な勤勉を身につけるのを容易にする二三の、ちょっとしたこつがある」と述べ、こう続けています。

## 誰の人生にも、詩が必要になる時節がある

> まず何よりも肝心なのは、思いきってやり始めることである。仕事の机にすわって、心を仕事に向けるという決心が、結局一番むずかしいことなのだ。一度ペンをとって最初の一線を引くか、あるいは鍬《くわ》を握って一打ちするかすれば、それでもう事柄はずっと容易になっているのである。
>
> （同上）

この言葉は、詩を書くときもあてはまります。最初の一行を書けさえすれば、事は大変容易になります。そして、何よりも大きな壁は、「ペンを握る」ことそのものなのです。ここで提案したいのは、まず書くことです。どう書くかを考える前に、書くとは何かを体感することです。

最初は思うようにいかないと思います。しかし、しばらくすると「詩の予感」のようなものが感じられるようになると思います。

**——詩は、誰にも必要なのでしょうか。**

誰の人生にも、詩が必要になる時節がある、とはいえると思います。でも、そのとき詩

の存在を知らなければ、私たちは詩の光を自分の人生に招き入れることができません。私の今の実感からいうと、詩は不要だと感じている人々にこそ、詩は必要なように感じられます。

沖縄に生まれた山之口貘《やまのくちばく》（一九〇三〜一九六三）という詩人がいます。彼が「生きる先々」と題する作品で、自分にとって詩が、いかに大切かというおもいを次のように書いています。

僕には是非とも詩が要るのだ
かなしくなっても詩が要るし
さびしいときなど詩がないと
よけいにさびしくなるばかりだ
僕はいつでも詩が要るのだ
ひもじいときにも詩を書いたし
結婚したかったあのときにも
結婚したいという詩があった
結婚してからもいくつかの結婚に関する詩が出来た

おもえばこれも詩人の生活だ
ぼくの生きる先々には
詩の要るようなことばっかりで
女房までがそこにいて
すっかり詩の味おぼえたのか
このごろは酸っぱいものなどをこのんでたべたりして
僕にひとつの詩をねだるのだ
子供が出来たらまたひとつ
子供の出来た詩をひとつ

（『山之口貘詩文集』）

彼は、今では二十世紀を代表する詩人のひとりになっていますが、あるときは路上で生活したこともある人物です。これを読む私たちはじつにさまざまな経験を経て、この言葉が生まれたことを見過ごしてはならないのだと思います。
世にいう詩人だけでなく、すべての人に、あらゆる場所で詩は、私たちにとってなくてはならないものであることを、この詩は教えてくれているのです。

**――詩を書いてみたい、そう思えば誰でも詩が書けるのでしょうか。**

もちろんです。それはすでに詩が、こころに宿っているからではないでしょうか。ですので、ゆっくりと、どうして詩を書いてみたいと思ったかを深く感じてみてください。

さらにいえば、誰でも詩人になれる、というのは精確ではありません。人は、生まれながらに詩人なのです。

**――それでも、思うように書けないと感じてしまい、なかなか書き出せないように思います。**

どんなことでも最初は、ある壁にぶつかります。しかし、その壁は、何かに挑戦した者だけが経験する人生の意味とつながる扉でもあるのです。

最初は、何も目印の見えない壁にみえますが、次第にそこにドアノブのようなものを感じるようになります。そうしたらあとは、扉を開けるだけです。

## 言葉は、読まれることによって新たに生まれる

詩の場合、「下手」でもいい、むしろ「下手」だからいい、ともいえます。下手だと感じるのは自分がおもったようには書けていないからです。

別のところから見れば、文字になったものよりもずっと豊かな何かを感じているから、それが言葉にならないことを残念に感じているのです。

こんなに素晴らしいことがあるでしょうか。詩は、書くことによって、書き得ないものを感じる営みです。

むしろ、書き得なかったことの方に、ほんとうの詩がある、といってもよいくらいです。そして、自分では下手だと感じる詩でも、違う人が読むとそこにかけがえのないものを見出すことができます。

言葉は、書かれたときに完成するのではありません。読まれることによって新たに生まれるのです。

**――こころで感じたことを、奇《き》をてらわずに書くということでしょうか。**

奇をてらうために、誰かを驚かせるために書くのであれば、詩である必要はありません。詩は、そうした人為的な行為とは異なるところで起きる出来事です。

詩が「出来事」だというのは、詩はいつも、書き手の予想をはるかに超えたものとして生まれるからです。

先にもお話ししましたが、それがすべて文字になるとは限りません。私たちは詩を書くことで、目に見える詩と見えない詩の二つを書くのです。

## ――言葉にならない、そう感じたとき詩を書けばよいのでしょうか。

そうです。そのことが分かれば、あなたはもう一人の詩人です。

書く前から、今、自分が感じていることは、きっと言葉にならないだろう、そう思わざるを得ないつらい経験を生きている人は少なくないと思います。

でも、私たちは書くことによって、より言葉たりえないものに近づいていく、言葉たりえないものをより深めていく。「書く」ということはそういう営みです。このことにふれて、リルケがとても印象的な言葉を残しています。

物事はすべてそんなに容易に掴《つか》めるものでも言えるものでもありません、ともすれば世人はそのように思い込ませたがるものですけれども。たいていの出来事は口に出して言えないものです、全然言葉などの踏み込んだことのない領域で行われるものです。それにまた芸術作品ほど言語に絶したものはありません、それは秘密に満ちた存在で、その生命は、過ぎ去る我々の生命のそばにあって、永続するものなのです。

（『若き詩人への手紙』高安国世訳）

大切なことはまず、口に出していえない、さらには言葉が踏み込んだことのない場所で起こる、というのです。

詩を書く、あるいは詩を読むとは、言葉を光にしながら、この「全然言葉などの踏み込んだことのない領域」へ進もうとすることです。

## 畏怖を抱かせるものは、私たちを自由にする

**――その「領域」にふれるのは、何かおそろしい感じもします。**

そうです。詩は、ある意味では、この世界にある「おそれ」を感じようとする試みです。しかし、その「おそれ」は、「恐れ」ではなく「畏れ」です。恐怖ではなく、畏怖《いふ》、さらにいえば畏敬を感じるものと出会うことです。

現代人は、恐怖と畏怖を混同しています。恐怖は私たちを抑圧します。しかし、畏怖を

抱かせるものは、私たちを自由にするといってよいと思います。
自由とは、何の束縛もないことを指すのではありません。それは本当の自分とともにあることです。自由とは、自らに由《よ》ることです。自分の深みにふれることにほかなりません。

## ――畏怖を表現した詩はありますか。

畏怖を表現したものとしてはブッシュ孝子（一九四五〜一九七四）という詩人の「折れたバラ」という作品を紹介したいと思います。この詩人について説明する前に、まず、作品を味わってみましょう。

かわいそうな赤いバラ
まだ開きはじめたばかりだというのに
首もとからポッキリ折られて
地にうちすてられた

でも私のバラよ　なげくことはない

やさしい白い手がお前をひろいあげ
小さなガラスの器に
お前をうかばせた

今ではお前は
咲きほこるどのバラよりも
ずっと美しくみえる
涙のようなつゆを宿してずっと
ずっと輝いてみえる

（『白い木馬』）

ここでの「バラ」は、彼女自身でもあり、この世に存在する生けるものすべての異名でもあります。見える姿がこの世での役割を終えようとするとき、「白い手」がそれをもう一つの世界へと導いてくれる。そこでは、この世にあったときよりもずっと美しい姿となる。そして、その存在を深みから照らすのは、その「たましい」の奥にたたえられた、見えない涙だというのです。

人間は死んでも「死なない」。人間の肉体は有限だが、たましいは不滅であるということを全身で知った彼女をとりまくのは、恐怖ではなく畏怖の感情です。

この詩人は、生前詩集を出すことなく、二十八歳で亡くなりました。ブッシュという名は、病を背負うことになったあと、結婚した夫の苗字《みようじ》です。

この女性は世にいう詩人ではありません。しかし、その作品は、時代を超えて読む者のこころを動かさずにはいません。没後、彼女の恩師が編纂《へんさん》し『白い木馬』と題する詩集にして世に送り出したのです。

彼女は、迫ってくる死を感じながら、この世界での出来事を言葉にしてくれました。その作品では、死を迎えようとする肉体の奥で、新たに生まれようとする「たましい」を感じる詩を遺《のこ》しています。

**――彼女のような詩を書ける気がしません。**

同じことをブッシュ孝子も感じていたに違いありません。自分で書いた言葉を読んで、もっとも驚いたのは彼女自身だったと思います。

さきほどもいいましたが、詩を書くとき、書き手は、文字になったことを確かめるだけ

## 今しか書けないものを、今書いているのがよい詩

でなく、書くことでかえって、書き得ないものがどれだけ大きいかを確かめていくことになります。

さきほどの詩で、ブッシュ孝子が感じた見えない詩のちからは、私たちの想像に余るほど大きなものだったように思えてなりません。

別の言い方をすれば、これほどの言葉をつむがねばならないほど、彼女が背負った悲しみと嘆きは大きかったともいえると思います。

書くことによって、見えない文字を自分の心のなかに刻んでいくのです。

見える「言葉」の方もいいけれど、それが多少ゆれていたとしても、こころのなかで見えない文字で、しっかり詩を書いていればそれでよいのです。

こうした営みを繰り返していくことによって、目に見える文字で書かれた詩もだんだんとその人らしく、より自然になってきます。

よいというのは、その人の今と深く結びついているということです。

別な言い方をすれば、明日でも書けるというのではなくて、今しか書けないものを、今書いているのがよい詩なのだと思います。

彼女は、詩集に収められたほとんどの作品、七十五篇をおよそ一ヵ月で書きました。このとき彼女は、泉から水が湧き出るように言葉が現れるのを予感していたと思います。

**――さまざまな詩があるけれど、どのかたちで詩を書けばよいのでしょうか。**

どの様式にするかという問題は、どうしたら語り得ないものを表現できるか、ということと密接に関係しています。

五行詩や和歌、俳句といった制限があった方が、より語り得ないものに近づけるのであればそうすればよいですし、文字の配列を変えた方が、語り得ないものをよりたしかに表現できるのであればそうすればいいのです。自分にとってもっとも自然なものがよいと思います。

**――五行詩と俳句というように二つを同時にはじめてもよいのでしょうか。**

これは、私の個人的な経験ですので、参考になるかどうか分からないのですが、二つの様式を同時に「読む」ことはできても、「書く」ことは難しいかもしれません。

この数年間、私は詩を書いています。そして、和歌や俳句を好んで読むのですが、和歌や俳句を「書く」ことはできないのです。

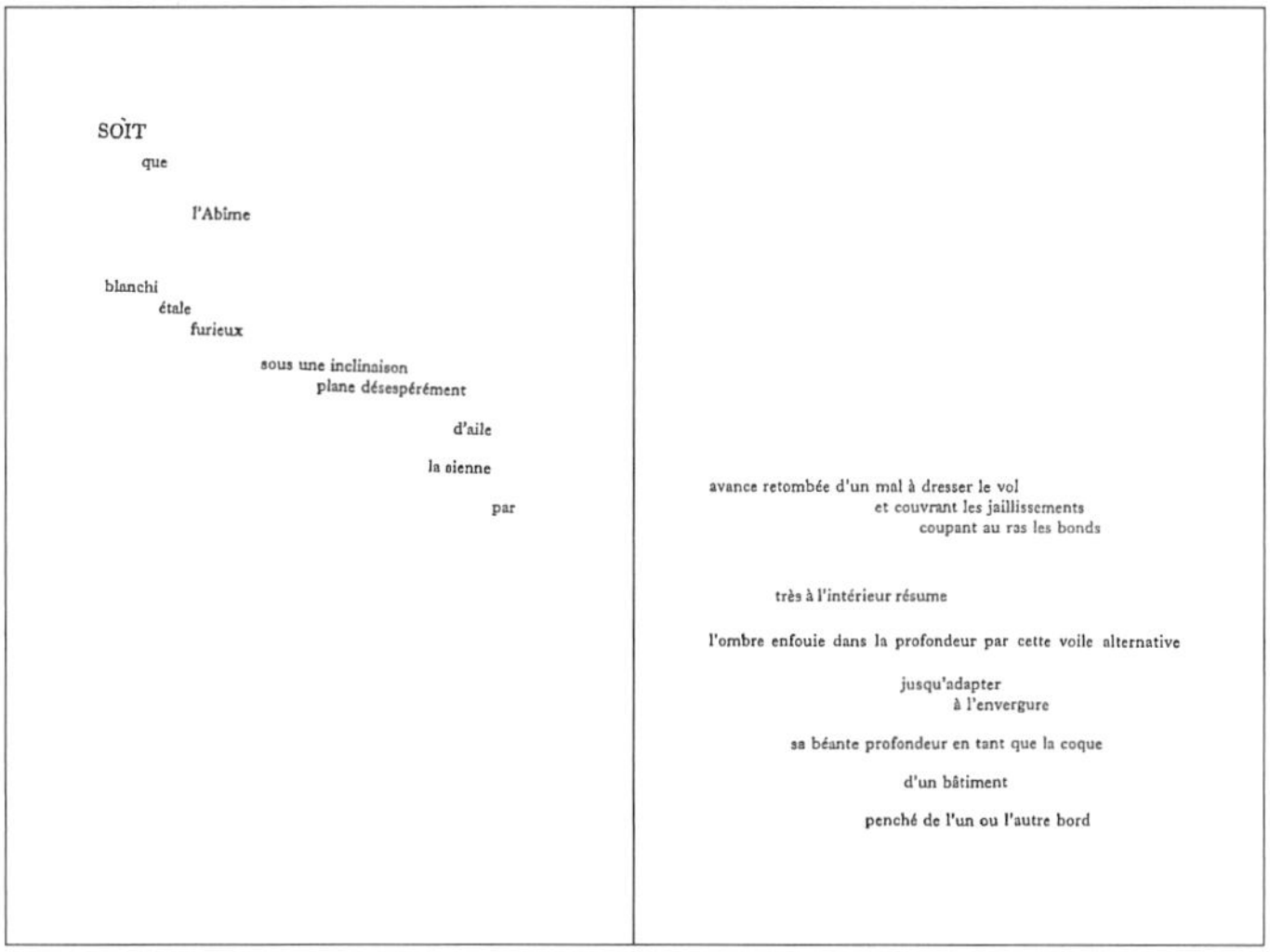
SOÏT
que
l'Abîme
blanchi
étale
furieux
sous une inclinaison
plane désespérément
d'aile
la sienne
par

avance retombée d'un mal à dresser le vol
et couvrant les jaillissements
coupant au ras les bonds

très à l'intérieur résume

l'ombre enfouie dans la profondeur par cette voile alternative

jusqu'adapter
à l'envergure

sa béante profondeur en tant que la coque

d'un bâtiment

penché de l'un ou l'autre bord

マラルメの最後の著作『骰子《とうし》一擲《いつてき》』（1897）より

もちろん、やってみたことはあります。でも、どうにも書けないのです。

書いてもわざとらしいものになる。

もちろん、詩も和歌も俳句も書くという人はいます。しかし、そうした才能豊かな人の真似は危険です。まずは、自分にあった「詩」と深く交わるのがよいと思います。

**――これまでの詩は、縦書きでした。横書きでもよいのでしょうか。**

もちろんです。ただ、単に人の目を引くためではなく、それが必然であれば、ということです。

詩の場合、すがたも一つの「コトバ」

です。

翻訳だと感じにくいですが、これをとても大胆に用いている詩人にステファン・マラルメ（一八四二～一八九八）がいます。彼の作品には、文字で絵を画くようにつむがれたものもあります（前頁図）。

マラルメは、言葉の躍動をすがたで表現しようとしたのかもしれません。

声にならない「声」、あるいは文字にならない言葉をここでは「コトバ」と片仮名で書くことにします。

「コトバ」という表記を用いたのは哲学者の井筒俊彦《いづつとしひこ》（一九一四～一九九三）です。彼は、人間が用いる言語のほかにも意味を表わすさまざまなものが存在することに着目しました。

画家にとって色はコトバです。音楽家にとっては旋律《せんりつ》、彫刻家にとってはかたちがコトバです。

鳥はさえずりによって、花は葉を茂らせ、花を開花させることで世界に意味をもたらします。こうした意味の顕現を井筒は「コトバ」と書いたのです。

詩は、言葉によってコトバを相手の胸に届けようとすることだともいえると思います。

**――コトバと詩の関係をもう少し教えてください。**

現代日本でコトバを切なるものとして表現した詩人のひとりに石牟礼道子《いしむれみちこ》（一九二七〜二〇一八）がいます。彼女には代表作『苦海浄土《くがいじょうど》 わが水俣病』と題する作品があります。彼女は、この作品も詩だと述べています。

彼女にとって詩を書くとは、水俣病をはじめ、耐えがたい試練を背負い、おもいを語らないまま逝った人たちの言葉を引きうけることでありました。私が、この本をはじめて読んだのは十六歳のときです。しかし、ほとんど読み進められませんでした。それ以降も幾度か手にしますが、やはり読めません。改めて向き合ったのは、二〇一一年の東日本大震災のあとです。私は四十三歳になっていました。

すぐに読み通せなくてもかまいません。現代日本文学に現れた、新しい「詩」です。ぜひ、一度手に取ってみてください。

彼女は、語らざる存在の声を受け止める鋭敏な感覚に恵まれていました。人間だけではありません。植物を含むあらゆる生き物――彼女は「生類《しょうるい》」という表現を用います――の声を受け止める詩人でした。

『苦海浄土』は三部作です。第三部『天の魚』の冒頭に石牟礼は序として次のような一節を含む詩を書いています。

生死のあわいにあればなつかしく候
みなみなまぼろしのえにしなり

ひともわれもいのちの臨終《いまわ》　かくばかりかなしきゆえに　けむり立つ雪炎の海をゆくごとくなれど
われよりふかく死なんとする鳥の眸《め》に遭えり
はたまたその海の割るるときあらわれて　地《つち》の低きところを這う虫に逢えるなり
この虫の死にざまに添わんとするときようやくにして　われもまたにんげんのいちいんなりしや
かかるいのちのごとくなればこの世とはわが世のみにて
われもおん身も　ひとりのきわみの世を
あいはてるべく　なつかしきかな
いまひとたびにんげんに生まるるべしや
生類《しょうるい》のみやこはいずくなりや

人は生きていると信じて疑わず、死の世界をないかのように日々を暮らすが、ほんとうは誰もが「生死のあわい」を生きている、と石牟礼はいいます。

ここでの「まぼろし」は、死の世界のことではありません。私たちが「現実」と呼ぶ世界の方です。誰も、ほんとうの世界を見極めることができない、そうした者たちが生きる姿はまるで、「けむり立つ雪炎の海をゆく」ように不確かだというのです。

しかし、「現実」を確かだと思い込み、不確かな世界を遠ざけるのではなく、迷いながらも茫漠とした道を進むとき、人は、さまざまな同志たちに遭遇する。彼女にとって仲間となるのは「ふかく死なんとする鳥」であり「地を這う虫」なのです。

こうした仲間たちとの関係を新たに結びなおすことで「いまひとたびにんげんに生まれ直すことができると彼女は感じている。人間が、ほんとうの「にんげん」に生まれ直す場所、それを彼女は「生類のみやこ」と呼ぶのです。人間は、いつの間にか自分たちの言語しか理解できなくなってしまった。ふたたび生類のコトバを学ばねばならない、というのです。

詩は、言葉によってコトバを表現する営みであるともいえます。また、詩は、コトバのちからを借りながら言語によって何かを表現しようとする試みだともいえます。

詩の場合、文字が記されていない余白もまた、コトバなのです。

これは石牟礼道子に始まったことではありません。『万葉集』や『古今和歌集』の歌人たちは、そうした人ばかりです。

## ――『万葉集』や『古今和歌集』を読むと言葉とコトバの違いを感じられますか。

本を読むのもよいですが、公園や山や川に出かけて、自然とふれあうのもよいかもしれません。詩の場合、詩集や歌集だけがお手本ではありません。むしろ、自然のなかでコトバによって語られる詩の秘伝を見つけ出すことが重要なのかもしれません。

先にもふれたデカルトという哲学者は、「世界という書物」(『方法序説』谷川多佳子訳)という表現をしています。人生には、あるとき紙に記された書物を読むことだけでなく、見えないコトバによって記された「世界」という書物を読み解かなければならないというのです。

正岡子規はそれを実践しました。彼は「写生」ということを唱えて俳句に打ち込みました。あるときから脊椎《せきつい》カリエスという病のため、大変に不自由な生活をおくったのですが、激痛に襲われながらも書き続けた言葉はやはり詩情にあふれています。彼は随筆にも優れていて、亡くなる二日前まで書いた『病牀六尺《びょうしょうろくしゃく》』には次のような言葉もあります。

或る絵具と或る絵具とを合せて草花を画く、それでもまだ思ふやうな色が出ないとまた他の絵具をなすつてみる。同じ赤い色でも少しづつの色の違ひで趣《おもむき》が違つて来る。いろいろに工夫して少しくすんだ赤とか、少し黄色味を帯びた赤とかいふものを出すのが写生の一つの楽しみである。神様が草花を染める時もやはりこんなに工夫して楽しんで居るのであらうか。

（八月九日）

このとき、彼にとって草花は、コトバについて語る「詩」の教師だったといってもよいと思います。

子規は絵も描きました。しかし、この言葉を読むと彼は絵を画くように句を作っていたことも伝わってきます。先に詩と絵との関係にふれた漱石の言葉を見ました。子規と漱石は親友でもありましたが、詩のありようをめぐっても近い考えをもっていたことが分かります。

もう一点、彼は「神様」という言葉を用いていたことにも注目してよいと思います。しかし、彼は特定の宗派に属するような信仰を生きたわけではありません。むしろ、信仰を押しつけるような人を嫌っていました。

ですが、彼にとって「書く」という行為は、この世界の秘密にふれようとすることにほかならなかったことは作品からも明らかです。私たちは信仰をもたない求道者のすがたを、さらには未知なる哲学者の面影すら見出せるように思います。

**――和歌や俳句は決まりごとがあるので、八木重吉が書いていたように五行詩が始めやすいように感じられますが、どうでしょうか。**

五行詩は、文字数が少なく、比較的に自由度が高いので間口はとても広く、これから詩を書こうとする人は、ここから始めるのもよいと思います。

しかし、書いてみると分かりますが、五行詩は本当に力量がいります。私は、書いてみて五行詩の奥深さを知りました。

『点滴ポール　生き抜くという旗印』という詩集を出している岩崎航《いわさきわたる》（一九七六〜）という詩人がいます。同時代の詩人のなかでもっとも敬愛する人物のひとりですが、私は五行詩を書いてみて、彼の偉大さをより実感しました。

どれもよいのですが、詩を「書く」ということにつながる詩を紹介したいと思います。

どんな
微細な光をも
捉える
眼《まなこ》を養うための
くらやみ

心眼という言葉があります。物体を見る「目」のほかに、不可視なものを感じとる「眼」がある。眼は、「くらやみ」によって養われるというのです。

詩を書くのに必要なのは目のちからよりも岩崎がいう「眼」のちからです。そしてそれは人生の困難に直面したとき、必ず開かれる、というのです。

次に引くのは「書く」ことに直結するような作品です。

書いてみる
意外に書ける
萎《な》えていたのは
手じゃない

思いの力

詩は、「手」で書くというよりも「思い」で書かれる、というのです。「思い」が手を動かす、彼はそう感じているのです。

一見すると書けそうな気がする。でも、それは大画家の作品に似て、実際はそうではないのです。

後世の人は、五行歌——あるいは五行詩が、岩崎航という詩人によって、大きくその門が開かれた、と語ると思います。

もちろん、五行詩、あるいは四行詩でもかまいません。

自由に書いてみる。そして様式は後で決める、というのがよいと思います。

**——まずは、自由に書いてみるのがよいのでしょうか。**

自由に書く、というよりも、ありのままに書くように努めてください。自由に書こうとすると、かえって肩にちからが入るものです。

これまでに紹介したさまざまな様式は、それぞれの詩人たちにとって「ありのまま」を表現しようとしたものです。
これまで紹介したいちばん短い詩は俳句でした。ですが、先に見た柳宗悦は、俳句よりも短く書いた方が、自分の実感に近いものを表現できると考え、それらを「心偈《こころうた》」と命名しました。

ドコトテ　御手《ミテ》ノ
眞中《マナカ》ナル

（『心偈』）

俳句は十七文字が基本ですが、この偈は、十一文字です。
ここでの「御手」というのは神の手です。神の手の真ん中とは、いったいどこなのか、という問いを投げかけているわけです。
すると、読む者の心には、それをどことということはできない、という思いが浮かんできます。作者である柳は、具体的なことは何も言わない。しかし、書き手と読み手のあいだに生まれる余白がそれを物語るのです。もう一つ、柳の心偈を紹介します。

冬　キビシ

春ヲ含《フク》ミテ　（『心偈』）

ここでの「冬」は、外的な季節を指す言葉であるとともに内的な「冬」、すなわち、冷たい空気のなかで、じっと忍耐を求められる時期を指します。

しかし、柳はここで、「冬」には必ず「春」が内包されている、さらにいえば「冬」こそ、「春」の到来を約束している、というのです。

未来と将来という言葉があります。未来は、未だ来ないものですが、将来は、将に来たるものです。「冬」は、将来的な「春」だと柳は歌うのです。

**――詩は、手書きがよいのでしょうか。**

方法は何でもよいのだと思います、私は手書きとパソコンの両方で書きます。スマートフォンはメモ程度です。

気分次第で墨で書くこともあるし、万年筆で書くこともあれば、ひたすらパソコンで打ち続けることもあります。

新幹線などに乗るときなどは新聞を買って、筆ペンで二時間くらい詩のようなものを書いていることもあれば、散文の原稿を書かなくてはならないときに書いたものが詩になることもあるのです。

どのような手段で書くかも大切かもしれませんが、私の場合は、「時」を逃さないように注意するようにしています。


**――時間的に、いつ書いたらよいということはありますか。**


ひとそれぞれによって違うと思います。私の場合も、時間はまったく決まってないです。さきほどもお話ししましたが、「時間」と「時」は違います。「時」は、いつやってくるか分からない。ですから、いまここで書いてください、と言われて書けるものでもありません。

毎日書いているわけでもなくて、ある情感が、あるいはコトバが湧き上がってくるときがそのときです。

でも、予感はあります。会社で仕事をしていて同僚と喋っているときにそれを感じることもあります。ある生理現象のようなものだと思います、たぶん。そうした感じがあるからなのか、私の場合、詩は、作るものであるよりも、「掘る」ものであり、「産む」ものだという感じがします。

**――さきほど書く態度、という表現がありました。何か気をつけるべきことはありますか。**

詩に限らないのですが、「さっと書いて、じっくり直す」のが大事です。言葉を出す勢いと、それを深めていくときに必要なエネルギーは別種のものだからです。

ふつう逆をやってしまうのですが、書くときは、言葉が荒々しいかたちで出てくるんです。まずそれを吐き出して、後で整えていった方がよいと思います。

**――さっと書くと、思いつきを書いてしまいそうです。**

最初は、それでもかまいません。最初の一行を書かなければ、始まりません。しかし、単なる思いつきですと言葉が続かないことがあります。詩は、言葉が言葉を呼ぶなかでかたちが整えられていきます。

思いつきを、さっと書いて終わり、というのでなく、少し放っておく、寝かせたりすると変わってくる、あるべき姿になってくるのです。

そして、書いた詩にあまり執着しないことです。

書くことは、自分のなかにあるものを手放すことです。自分の書いた詩が素晴らしい、と言われたとしたら、お子さんは素晴らしいですね、と言われたのに似ています。うれしいのですが、子どもとはいえ独立した人格ですから、詩は書いたらもう、私のものではないような感じがします。

**――どう読まれても関係がないということでしょうか。**

基本的にはそうだと思います。事実、読み方を決めることもできないのです。ただ著しく中傷されることがあれば、やはり「親」として出ていかなければならないことはあるかもしれません。

その一方で、「子」を世の中に鍛《きた》えてもらう感じもあります。いかように読まれようともそれはそれでよいと思います。

**――逆に詩が、詩人を助ける、ということもあるのでしょうか。**

むしろ、その方が多いのではないでしょうか。

書いたことが、苦しみや悲しみの経験であっても、時を経て読むとまったく異なる実感が生じることも少なくありません。それは深い希望の詩になっていることもあります。

過去の自分は、内なる他者です。もちろん、未来の自分も。

詩を書くとは、未来の自分への手紙のようなものでもあります。書いたことの証《あか》しが、ほかの誰でもない、自分にとって大切なものになる。それはすでに詩です。

さらに、かけがえないのは、そうした言葉を書いているときの「時」の経験です。それは、書いている「時間」の出来事を永遠の次元に送り込むことだともいえると思います。

**——もしも、誰もが詩を書けるのなら、みんなが「詩人」ということになるのですか。**

内なる詩人は万人のなかにいると思います。内なる音楽家もいます。私がクラシックのコンサートに行って大いに感動したときは、私のなかにいる作曲家や演奏家が、ふと動き出すのです。

社会的な職業名としての「詩人」あるいは「音楽家」というのは別です。

## 読むことは息を吸うこと、書くことは吐くこと

詩を読んでいるときは、作曲家は寝ているかもしれませんが、内なる詩人が現れてくる。名画の前にいれば、内なる画家が出てくることもある。私は絵が下手でまったく描けませんが、こころのなかでは、自分にとって大切な絵をみるたびにそれを模写しているようにも感じます。

でも、詩は絵画よりもずっと容易に実際の表現が可能です。

**――書けなくなったときは、どうしたらよいでしょうか。**

そうしたときは「書けない」と書けばいいんです。「書けない」と二、三回書けば、必ず違うことを書きはじめます。

もう一つの方法は、読みつつ、書く、ということです。

読むことは息を吸うこと、書くことは吐くこと、つまり呼吸です。吸うのと吐くのは同じだから、一緒にやらなければいけません。深く息を吸うように読むことで、深く吐ける、つまり書けるようになる。

たとえば、リルケの詩を読みながら自分の詩を書く、するとかたちを変えたリルケへの手紙にもなってきます。

**――書いてみたことがあって、その言葉には強いおもいがあるのですが、言葉が続きませんでした。そんなとき、どうしたらよいでしょうか。**

詩は、ときに完成までに長い時間を要します。詩を書こうとするときは「寝かせる」ことを忘れないようにしましょう。

たとえば、詩を五行書く、その五行はこのまま残るかもしれないし、時間が経過してみると、その一行一行がすべて違う作品のなかに融《と》け込んでいくかもしれないのです。ひとまとまりにしか見えなかった五行が、その人がこれから十年生きていくなかで、さまざまな詩に分散されていくこともあります。

人と出会い、喧嘩《けんか》し、別れて、といろいろな経験をするなかで、自分のなかでは、一つにまとまっていた五行が、解き放たれていくのです。あせらずにゆっくり完成させることも大切です。

また、読むときにも「待つ」ことはとても重要です。読むことにおいても「詩の訪れ」があるのです。

# 第5章

# 詩を読む

詩を学ぼうとして、手当り次第に詩集を読む、というのも悪くありません。しかし、人生の一冊に出会えたら、それも素晴らしいことではないでしょうか。

参考文献を挙げるのはむずかしくありません。しかし、言葉はこころの糧《かて》ですから、何を読むかも大切ですが、いつ読むかも大変重要な問題です。そして、その「いつ」は、しばしば人生が告げ知らせてくれることもあります。本の方からやってきた、そう感じることがあると思います。

## ――本の方からやってくるなどということがあるのでしょうか。

思い込みと言われるかもしれませんが、生涯にはそうした出会いが、幾度かはあると思います。出会いは、人と人のあいだにだけ起こるのではありません。

本との出会いを考えるたびに想い出す話があります。私の友人がある旅の出来事として話してくれた話です。

ひとり旅で札幌へ行ったとき、街を歩いていると教会があったので、何気なく近づいてみたそうです。ちなみに彼は、キリスト教の信者ではありません。

扉が開いていたので聖堂の中に入ると、正面に説教台があって、その上には『新約聖書』

が置いてあった。誰もいないので何気なく読み始め、気がつくと一時間あまりの時間が経過していたというのです。
このとき、どうして自分が、今まで一度も読んだことのない聖書の言葉にこれほど惹かれるのかとおもって驚いたといいます。
『新約聖書』には、次のような一節があり、この言葉にふれると、この友人のことを想わずにはいられません。

イエスは答《こた》えて仰《おお》せになった、
「この水《みず》を飲《の》む人《ひと》はみな、また喉《のど》が渇《かわ》く。
しかし、わたしが与《あた》える水《みず》を飲《の》む人《ひと》は、
永遠《えいえん》に渇《かわ》くことがない。
それどころか、わたしが与《あた》える水《みず》は、
その人《ひと》の中《なか》で泉《いずみ》となって、
永遠《えいえん》の命《いのち》に至《いた》る水《みず》が湧《わ》き出《で》る」。

（ヨハネ4：13-14　フランシスコ会聖書研究所訳注）

先の人物も、渇いた者が苛烈なほどに水を求めるように、一度も手にしたことのない聖書を読んだのでしょう。

聖書の言葉がほんとうであれば、このときふれた言葉は、これ以後、彼のこころのなかで静かに湧き出る「泉」に変じたのだと思います。

## ――聖書のような聖典だからそのようなことが起こったのでしょうか。

そうではありません。彼の場合は、たまたま聖書だったということです。また、もちろん、聖書を読まなくてはならない、というのではありません。

ある人にとってそれは一篇の詩、あるいは一つの童話かもしれません。読みたいと思って本を選ぶのではなく、本の方から自分のところに来る、そうした経験もあると思います。

先に「邂逅」という話をしました。批評家の唐木順三《からきじゅんぞう》(一九〇四～一九八〇)が、書物との邂逅をめぐってとても印象的な言葉を残しています。

「一度開いた本が、そのときの己が心に合わず、そっともとの書棚にもどしておいたのに、五年十年とたった後、その書物の方から、自分を招きよせ、よびかけてきてくれるという経験を、少しものを考えつづける人ならば、誰しも一度や二度は味わっているだろう」と書き、次のような言葉を記しています。

訪れるもの、よびかけ来るものは、いつ来るかわからない。そのいつ訪れるかわからないものが、いざ来たという場合、それに心を開き、手を開いて迎え応ずることのできるような姿勢が待つということであろう。邂逅という言葉には、偶然に、不図《ふと》出会うということが含まれていると同時に、その偶然に出会ったものが、実は会うべくして会ったもの、運命的に出会ったものということをも含んでいる。

(『詩とデカダンス』)

この一文を知ったのは、十代の終わりか二十歳のときです。当時は大変不思議な感じがしましたが、今では唐木の言葉にいつわりはなかったと思います。

ただ、呼ばれないうちはだめだ、ということではなくて、呼ばれるような場所にいるのが大切だということです。自分の心を開いておけば、どこからかやってきます。

## 自分の心を開いておけば、求めるものはどこからかやってくる

**――そうして出会った詩を教えてください。**

先にも少し話しましたが、私は書くことはさほど抵抗を感じなかったのですが、読書のよろこびを知ったのは高校生のときです。はじめて詩にふれたと実感したのは、「現代文」の教科書で読んだ萩原朔太郎（一八八六〜一九四二）の「竹」でした。

ますぐなるもの地面に生え、
するどき青きもの地面に生え、
凍れる冬をつらぬきて、
そのみどり葉光る朝の空路に、
なみだたれ、
なみだをたれ、
いまはや懺悔《ざんげ》をはれる肩の上より、
けぶれる竹の根はひろごり、
するどき青きもの地面に生え。

（『月に吠える』）

ここで描かれているのは、竹が生えている光景だけではありません。読む者は、いつしか「竹」が自分であることに気がつきます。しかし、詩人は「竹」は「人」でもあるなどとは決していわない。

詩人という人はすごいことをする、と思いました。竹を描きつつ、こころという言葉も用いることなく、人間のこころを描くことができることに驚きを覚えました。

書いていないことを読み手に伝えることができる、詩は、なんて不思議なはたらきを持つのかと思いました。

もちろん、当時は、実感をこうして言葉にすることはできません。しかし、とても鮮烈な、半分の目覚めみたいなことはありました。そうでなければ、この詩のことは、ずっと前に忘れていたでしょう。先にもいいましたが、私はとにかく国語の成績がよくなかったのです。

あることを経験し、そのことの意味がほんとうに分かるのに歳月を要することがあります。本で読んだことに限りません。人に言われたこと、どこかで見たことなど、認知が認識に変じるのに時を要します。

「竹」をめぐる出来事もそうでした。あのとき、自分が詩に開眼していたのだ、と改めて感じたのは、東日本大震災のあとです。

読書とは、そのときだけでの経験ではありません。じつは、時間をかけて言葉を読んでいるのです。中高生のときに初めて読んだものをほんとうに理解するのは五十歳だった、ということもあります。

**――詩を書くきっかけになった本はありますか。**

おそらく自分で意識していない本も、詩を書く助けになっているに違いないのですが、はっきりと認識しているものをいくつか挙げたいと思います。

まず思い浮かぶのは、先にふれた岩崎航の『点滴ポール　生き抜くという旗印』です。彼の詩に出会ったときは、ほんとうに衝撃を受けました。そこには、平易な言葉で記された真実があると同時に、簡単に「分かった」などと言うことを拒むような厳粛《げんしゅく》さがあるのです。

この本のなかからいくつか引用してみたいと思います。彼の詩にはいわゆる題名はありません。

たたかいだ
これで

何回目かの
救急車に
乗る

晩年のことを
考える頃だ
一日の価値を
考える頃だ
悔いは　いらない

乾かない
心であること
涙もまた
こころの
大地の潤いとなる

弾力を失った
闇の中の魂に
生きゆく力を
蘇生させるには
自ら光となるのみだ

誰もがある
いのちの奥底の
熾火《おきび》は吹き消せない
消えたと思うのは
こころの　錯覚

はじめの二つの詩が暗示しているように彼は、筋ジストロフィーという重篤《じゅうとく》な病を生きています。からだを自分で動かすことを大きく制限されています。彼は、人生の危機にも詩情があることを教えてくれました。危機にこそ、というべきなのかもしれません。

二番目の詩が私たちに突きつけるのは、人は、いつも晩年を生きているという現実です。

## 涙を流すことはむしろ、生を豊かにする

人は誰も、自分がいつこの世を後にするのかを知りません。しかし、どこかで永久に生きるかのように日々を過ごしている。それは大きな誤認ではないのか、というのです。彼は部屋に一人でいることも少なくない。だから社会を知らないかというと、そんなことはまったくありません。むしろ彼が感じている世界がじつに広く、深いことにも驚かされます。

詩を書くことで、心の世界で他者と深くつながりあえる。そうした文学のちからを彼は体現し、詩を書き、私たちに教えてくれているのです。

しかし、そうした試練のなかで彼が見出した人生の地平は、じつに広く、また、豊かなのです。それだけでなく、「自ら光となるのみだ」との言葉が象徴しているように、言い知れない生命力にもあふれています。

一読してすぐ分かるように彼も難解な表現を用いません。「燠火」という言葉が聞きなれない程度です。

涙がこころという大地の潤いになる、という詩は、私の人生観を変えました。悲しみに暮れるという表現がそのまま当てはまるようなとき、この詩を読み、涙を流すことは無意味な悲嘆なのではなく、むしろ、生を豊かにするものであることを教えられたのです。今、私にとって、悲しみの種子を涙で育てることは、生きることのもっとも大切な責務だと感

じられます。

もう一つ、彼の詩のなかで強く打たれた一篇があります。それは彼が母親との関係を謳った作品です。

雪が
降っていて
手鏡を
そっと差し出す
母がいて

寝返りも自由に打てない彼に、母親が雪が降るのを見せようと、そっと手鏡を差し出した、そんな光景を描いた詩です。ここには、愛という字も、涙も、感謝という字も記されていません。しかし、それらすべてが言葉の枠を超え、コトバとなって読む者の胸に飛び込んできます。彼の代表作といってよい一篇だとおもいます。

**――岩崎さんも昔から詩が好きな子どもではなかったのでしょうか。**

もちろん本は好きで読んでいたけれど、昔から詩の鍛錬をしてきたというのではありません。現代を代表する詩人のひとりになって、彼自身が驚いているのではないでしょうか。彼が書いている詩は、「五行詩」ではなく、もともとは「五行歌」と呼ばれていたものでした。

彼の場合、一つの言葉というよりも五行歌という一つのかたちとの出会いが決定的な出来事となりました。先にもいいましたが、ひとたび開いた詩情の扉は、もう閉まることはないのです。

もう一人、忘れがたい詩人がいます。原民喜《はらたみき》（一九〇五～一九五一）です。彼は「夏の花」をはじめ、原爆で亡くなった人々、その嘆きを語らないまま亡くなっていった者たちの声を受けて作品を書きました。世の中の人は、それらの作品を小説と呼びますが、彼はそれらを詩だと感じながら書いていたように思います。先に見た石牟礼道子も『苦海浄土　わが水俣病』を詩として書いたと述べていましたが、同質の気持ちは民喜にもあったように思います。

原爆も水俣病も、現象的には異なりますが、無差別にあれほどの人が殺されるという陰惨な出来事を描きながら、二人は、最後になぜ祈りと希望を描くことができたのか、それは詩だからです。民喜も石牟礼も自分の希望を書いたのではありません。二人は、どこからか訪れた無名の死者の声を受け取ったのです。こうしたとき、私たちは自分のおもいだけを描くことはありません。彼はこんな言葉も残しています。

自分のために生きるな、死んだ人たちの嘆きのためにだけ生きよ。僕を生かしておいてくれるのはお前たちの嘆きだ。僕を歩かせてゆくのも死んだ人たちの嘆きだ。お前たちは星だった。お前たちは花だった。久しい久しい昔から僕が知っているものだった。僕は歩いた。僕の足は僕を支えた。僕の眼の奥に涙が溜《たま》るとき、僕は人間の眼がこちらを見るのを感じる。

（「鎮魂歌」）

ここでの「人間」には、生きて苦しむ人々だけでなく、亡くなった人も含まれています。「自分のために生きるな、死んだ人たちの嘆きのためにだけ生きよ。僕を生かしておいてくれるのはお前たちの嘆きだ。僕を歩かせてゆくのも死んだ人たちの嘆きだ」、この言葉はそのまま受け取るべきなのでしょう。亡くなった人が彼を生かし続け、書かせつづけた。

民喜も石牟礼も、純粋な意味での詩も書いています。俳句を愛したことでも民喜と石牟礼はとても近いところにいるようにも感じられます。

祈るべき天とおもえど天の病む

（『石牟礼道子全句集　泣きながら原』）

この一句だけでも石牟礼道子の名前は、文学の歴史から消えることはないでしょう。この言葉も彼女の内心の吐露《とろ》、というよりも彼女が出会った無数の苦しむ者たちの声にならない嘆きが収れんした言葉なのです。

原爆投下の前年、民喜は妻を喪《うしな》います。理解者であった妻に病気で先立たれ、帰郷した広島で被爆する。彼にとって妻は、文字通りの半身でした。私がもっとも愛する彼の詩は、「一つの星に」という作品です。

わたしが望みを見うしなつて暗がりの部屋に横はつてゐるとき、どうしてお前は感じとつたのか。この窓のすき間に、あたかも小さな霊魂のごとく滑りおりて憩らつてゐた、稀れなる星よ。

妻は星の光となって、気がつかないところで、言葉もなく、彼に寄り添っていた。しかし、目に見えるものばかりを追っていたから、そのことに気がつくことができなかった、というのです。

もう生きている意味がないと思ったかもしれない。そうした彼のおもいをくつがえしたのが、広島への原爆投下という出来事でした。原爆が落とされ、避難する途中彼は手記を書き始めます。

我ハ奇蹟的ニ無傷ナリシモ　コハ今後生キノビテコノ有様ヲツタヘヨト天ノ命ナランカ　サハレ仕事ハ多カルベシ

（「原爆被災時のノート」『原民喜全集』Ⅲ）

彼自身も深く傷つき打ちひしがれている。しかし、そういうときに自分以外の人の言葉を引き受けることができるか、それが原民喜の挑戦でした。

一九五一年、彼は自らいのちを絶ちます。自殺を敗北だととらえるのは平板な考えです。原民喜は、生きている意味がない、と絶望して死んだのではなく、やるべきことはやったと感じて亡くなったのだと私は思います。

自殺をよいことだと言うつもりはまったくありません。ですが、自殺した人は闘ってそ

## 闘って生き抜いた人たちへの敬意を忘れずにいたい

の人の人生を全《まっと》うしたのであり、その生を否定することはけっしてできないとも強く思います。礼賛することもできません。しかし、闘って生き抜いた人たちへの敬意も忘れずにいたいと思います。

**――まだ、詩集を手にしたことがありません。**

一つの詩を深く読み込むことはとても大事なことで、ほんとうに一つの詩と出会えればそれでいい、とも言えます。人生の羅針盤《らしんばん》になる先人をもつことも勧めたいのです。迷ったときに常に方向を指し示してくれる人。私たちは生きていくなかで迷うことがありますから、いつも北を向かせてくれるような詩人の言葉に出会うことは大事です。
もし、詩を書けないときは、詩を書き写してもよいと思います。
写経という文化が東洋にはあります。書き写すという行為のなかには目で読む、声に出して読むのとも異なる言葉の経験があります。

**――書き写しているだけでも、詩が書けるようになるのでしょうか。**

書いてみると実感しますが、ある詩は、目で読んでいるときは皆の詩だったのが、書き記してみると「わたし」の詩になっているのに気がつきます。

事実、書き写したその実感、そのときの詩情は自分だけのものです。近代詩が長ければ、和歌を写せばいい。もちろん漢詩でもよいです。

目で読むのは頭ですが、写すのは手です。選んで、写していると、すぐに自分で書き始めます。必ずそうなります。私が知っているかぎりですが、例外は、ほとんどありません。晩年の石牟礼道子さんとお話をしていたとき、これからの若者に伝えたいことは何ですかとたずねたら、しばらく考えて、手仕事だといいました。手を動かすことの意味を伝えたいというのです。

手を動かすことで、こころに言葉を摂り入れるという感覚を、詩を書くことで養う。これは文学の経験としても大変豊かなものです。

**――詩を読むときに気をつけた方がよいことはありますか。**

まず、詩は二度読むとよいです。一度目は理性で、しかし、二度目は感性で。

そして、できれば詩は声に出して読むとよいです。言葉を浴びるように。

## 声に出して読むことで、言葉の律動を感じられる

これまでも述べてきましたが、詩には知性や理性だけではとらえ尽くすことのできない感性のコトバ、さらには霊性のコトバがあります。

世界にはさまざまな宗教がありますが、皆、詩に類するものを声に出して読みます。歴史的な宗教的書物——ことに聖典と呼ばれるものには、必ずといってよいほど詩情が生きています。宗教的言語が、何らかの意味で人間を超えたものを表現している言語だとすれば、詩情がなければ不可能です。

仏教の経典《きょうてん》、キリスト教の詩編——精確には旧約聖書の時代の言葉ですが——、そしてこの点においてもっとも豊かな伝統を持つのはイスラームの『コーラン』の読誦《どくしょう》です。

先に「言葉を浴びる」といいましたが、そうとしか表現しようのない経験を私は、インドのイスラームのモスクから聞こえてくる『コーラン』によって経験しました。

「読む」のは、主に声を出さずに読むことです。「誦《よ》む」のは、声を出して読むことです。この二つをともに育んでいくのが大切です。声に出して読むことで、黙読では感じられない言葉の律動を感じてみてください。

言語にとって音は、大型船のような大きな乗り物だと言えます。昔から人は読み書きができる・できないにかかわらず、歌を歌ったり踊ったりしてきました。旋律や響きなどは、書かれた言語以上に豊かな表現だともいえます。

より大きく、より豊かに、より遠くへ、というとき歌や踊りは有効です。書いた言葉は遠くの人には届かないのに、歌になると、多くの、遠くにいる人にも届いていきます。

鎌倉時代、法然《ほうねん》と親鸞《しんらん》が、南無阿弥陀仏と唱えさえすれば救われると説き、浄土教は急速に広まります。このときも「南無阿弥陀仏」の語意よりも、念仏して唱えられる、その声、その音がちからをもちました。一遍《いっぺん》はそこに踊念仏《おどりねんぶつ》を加え、さらに広がりを生みました。

現代の人は、言葉を書けるようになったために音律や響きを少し忘れがちです。詩人はそれを思い出すために自作の朗読をしたりします。

現代人は本を読めるようになったために黙読することに重きを置きますが、聞いたり見たり踊ったり、人間はさまざまなことによって感じます。詩を言葉の世界だけにしてしまうのはもったいないと思います。

詩の朗読会が行われるのは、詩を愛する人たちが「読む」ことでは終わらない詩のはたらきを熟知しているからです。

## ――言葉の律動を感じられる詩を教えてください。

宮沢賢治に「無声慟哭《むせいどうこく》」と題する詩があります。この詩は、賢治が愛する妹が死にゆくときのことを書いたものです。

文中にある「さだめられたみち」とは、死の道のことです。文中にある「苹果」は、「りんご」と読みます。

こんなにみんなにみまもられながら
おまへはまだここでくるしまなければならないか
ああ巨《（おお）》きな信のちからからことさらにはなれ
また純粋やちひさな徳性のかずをうしなひ
わたくしが青ぐらい修羅をあるいてゐるとき
おまへはじぶんにさだめられたみちを
ひとりさびしく往かうとするか
信仰を一つにするたつたひとりのみちづれのわたくしが
あかるくつめたい精進《しやうじん》のみちからかなしくつかれてゐて
毒草や蛍光菌のくらい野原をただよふとき
おまへはひとりどこへ行かうとするのだ
※（おら　おかないふうしてらべ）

何といふあきらめたやうな悲痛なわらひやうをしながら
またわたくしのどんなちひさな表情も
けつして見遁《のが》さないやうにしながら
おまへはけなげに母に訊《き》くのだ
（うんにや　ずゐぶん立派だぢやい
　けふはほんとに立派だぢやい）
ほんたうにさうだ
髪だつていつそうくろいし
まるでこどもの苹果の頬だ
どうかきれいな頬をして
あたらしく天にうまれてくれ
⸨※それでもからだくさえがべ？⸩
⸨うんにや　いつかう⸩
ほんたうにそんなことはない
かへつてここはなつののはらの
ちひさな白い花の匂でいつぱいだから

ただわたくしはそれをいま言へないのだ
（わたくしは修羅をあるいてゐるのだから）
わたくしのかなしさうな眼をしてゐるのは
わたくしのふたつのこころをみつめてゐるためだ
ああそんなに
かなしく眼をそらしてはいけない

《一九二二、一一、二七》

註

※あめゆきとつてきてください
※あたしはあたしでひとりいきます
※またひとにうまれてくるときは
こんなにじぶんのことばかりで
くるしまないやうにうまれてきます
※ああいい　さつぱりした
まるではやしのなかにきたやうだ

※あたしこはいふうをしてるでせう
※それでもわるいにほひでせう

（『心象スケッチ　春と修羅』）

賢治は、この作品が完成した日時も記しています。括弧を用いることで内心の声を表わしています。「註」となっている部分も原文になります。

詩にあった方言の記述は印象的です。賢治は岩手県花巻の出身です。彼はその土地の言葉で書きたいと思った。そうでなくては妹との最期の会話を再現できないと感じたのです。でも、この詩を読む人が、自分たちの方言を理解できるとは限らないことも賢治にはよく分かっています。そこで彼は「註」をつけたのでした。こうした表現の方法においても賢治の詩は後世に影響を与えています。

この詩を論じるということになると、新しく一章を準備しなくてはなりません。悲しく、しかしどこまでも美しいこの詩を、ぜひ、ゆっくりと味わってみてください。目で読んで分からないところは声に出して感じてみるとよいかもしれません。

本文について語ることはしませんが、「無声慟哭」という題名に関して一言だけふれておきます。

## 詩を読むとき、私たちは余白を含めた全体を感じている

よく考えてみると、この言葉は少し奇妙なのです。「無声」は音がしない、「慟」は、「悼」と同じ意味で「いたむ」ということです。「哭」は犬のように泣くということです。慟哭ですから獣のように「哭く」のですが、それが無声だというのです。人は、ほんとうの意味で慟哭するとき、声が出ないというのです。

言葉にならない、声にならないいたみ、何とも表現し得ない悲しみを人は背負うと賢治はいうのです。

詩はそういう言葉たり得ないものをどうにか表現しようとする、ある意味で「挑《いど》み」でもあります。

**――どうしたら、そうしたことができるのでしょうか。**

書き、そして読み、そしてまた書くのです。とても素朴なことです。しかし、たしかに深まっていく言葉の営みです。

さらに、言葉だけでなく、余白や空白のはたらきにも習熟することです。詩は、文字と余白によって書かれています。

詩を読むとき、私たちはたいてい文字の置かれた紙面の上の方を見ますが、じつは余白

を含めた全体を感じています。

たとえば、行間を一行あけたりします。あの空白は何も語っていないのではなくて、言葉にならない何かを浮かびあがらせています。つまり語ることによって語らないところが生まれてくるのであって、私たちは実は、その部分も同時に感じながら詩を読んでいるのです。

**――余白、空白のはたらきを具体的に説明してください。**

ウンベルト・サバ（一八八三～一九五七）というイタリアの詩人の「灰」という詩を見てみます。

死んでしまったものの、失われた痛みの、
ひそやかなふれあいの、言葉にならぬ
ため息の、
灰。

（『ミラノ　霧の風景』「あとがき」より、須賀敦子訳）

## 絶句することによってのみ、表現されることがある

最後の二行は「ため息の、」で改行されて「灰。」で終わっていますが、ふつうに考えれば続いてもよいような、ちょっと違和感のある切れ方です。「の」が韻を踏んでいるのも印象的ですが、ここでは「、」や「。」にも、改行にも、余白にも意味があります。

つまり、書けないものに出会うことによって、言葉たりえないものがそこに表現されているのです。何とも言えないが、たしかに何かがあるのを感じるのです。

絶句することによってのみ、表現されることがあります。それを言葉で表現するのが詩です。詩とは絶句するものに出会おうとする営みでもあるのです。詩の旅とは、絶句すべき事象に出会うための道程だといってもよいと思います。

# 第6章

# 詩学とは何か

詩とは何か、詩はどのように生まれてくるのかを論じたものを「詩学」といいます。詩学は、詩を書くために学ぶのではなく、詩を書いたあと、詩を磨いていくときにとても重要ですが、今は、かえって邪魔かもしれません。書く以前の詩学をめぐる知識は、知ることで人を満足させ、あまり人を書くことへと導かないことも少なくないのです。

詩学は、学びたいと感じたときに学べばよいと思います。ですから、学ばなくてはならない、というものではありません。

しかし、詩学は、こちらにさえ準備が整えば、とても身近なものになります。

## ――詩を書く技術はどうしたら磨くことができるのでしょうか。

詩の場合、最初に技術を学んでも、自分らしい詩を書けるとは限りません。まず、磨くのは自分と向き合うちからです。その「ちから」を何と命名してよいのか分かりませんが、ある努力が必要なことは間違いありません。しばしば、私たちはそれから逃れようとするからです。

これからお話ししたい「詩学」は、詩を書く技術に関することだけではありません。それ以前に詩と、そして自分自身と向き合うときの態度に関することです。

## 詩に必要なのは、小さくてかけがえのない「認識」

**――詩を書くのに知識は必要ないのでしょうか。**

必要ないとは言いません。しかし、それらは書いたあとで身につけた方がよいと思います。

「知識」という文字は、考えてみると意味深い言葉です。

「知る」も「識る」もともに「しる」と読みます。この二つの差は、「認知」と「認識」という熟語にしてみるとよく分かります。

「認知」とは、感覚的に世界を知ることです。それは社会的に世の中を知ることでもあります。しかし、「認識」は違います。それは、知性だけでなく、さらに深いところで、ある出来事をほんとうの意味で「識る」ことです。

詩に必要なのは、一般的な認知よりも、小さな、しかし、かけがえのない「認識」なのです。

**――しかし、ある程度の知識がなければ、さきほどの「馬」も読めないように思います。**

『平家物語』を読んだことがある方が、よい場合もあるかもしれませんが、それが詩を味わうさまたげになることもあります。

また、読んだ経験がなくても「馬」を味わうことはできます。先ほどの詩で『平家物語』は一つの契機に過ぎません。それは扉のようなものです。詩は、その奥で起こっています。書かれた文字の奥に、これらの文字が生まれてこなくてはならなかった、ほんとうの理由があるのです。

しかし、それは言葉になっていないことが多い。詩を読むとは、言葉を扉にして、文字の奥にひそむ意味を感じることだともいえます。

## ――分からないことは調べない方がよいのでしょうか。

分からないことを調べるのは素晴らしいことです。ですが、調べる前に味わうことを忘れないようにしてください。

詩は、味わうのが先で、より深く味わうために調べるのであって、情報を集めるためではありません。

たとえば、この詩がおさめられた詩集『沙羅鎮魂』には、沙羅という植物がたくさん出てきます。沙羅の木は、沙羅双樹《そうじゅ》とも呼ばれます。『平家物語』の冒頭にも出てきます。

祇園精舎《ぎをんしやうじや》の鐘《かね》の声《こえ》、諸行無常《しよぎやうむじやう》の響《ひび》きあり、沙羅《さら》双樹《そうじゆ》の花《はな》の色《いろ》、盛者必衰《じやうしやひつすい》の理《ことわり》をあらはす。おごれる者《もの》久《ひさ》しからず、ただ春《はる》の夜《よ》の夢《ゆめ》のごとし。猛《たけ》き人《ひと》もつひには滅《ほろ》びぬ、ひとへに風《かぜ》の前《まえ》の塵《ちり》に同《おな》じ。

「沙羅双樹の花の色」は、生命あるものは必ず衰えるというのです。仏教の開祖である釈迦は、沙羅の樹に囲まれた場所で亡くなります。ただ、釈迦の死は、涅槃《ねはん》の国での誕生を意味します。

これらのことから分かるように「沙羅」は、生と死、さらには新生の象徴でもあります。以倉紘平という詩人にとって「沙羅」は、ほとんど「根源語」といってよい言葉です。彼は「サラ」「サーラ」と書くこともあります。それは語り得ない世界の秘密の異名《いみょう》でもあることは彼の詩を読めば誰もが感じることだと思います。

## ――根源語とは何でしょうか。

詩人にはそれぞれの存在の根源を照らしだすような言葉があります。それをここでは「根源語」と呼ぶことにします。

根源語との出会い、それが内なる詩人が目覚めるときだといってもよいと思います。でも、ここで大切なのは「沙羅」の木に関して辞書などで、調べ過ぎないことです。詩人はしばしば、辞書とは異なる意味で言葉を用います。

読者も辞書ではなく、詩と向き合ってその意味を感じるのがよい。頭で理解するのではなく、絵を見るように感じるといった方がよいかもしれません。

おそらくこの詩人は、『平家物語』そのものよりも、沙羅を描き出したいと願っているように私には思えます。それも『平家物語』で描かれている沙羅ではなく、あるとき自分で見た「沙羅」に言葉の姿を与えたいと願っている。『平家物語』は沙羅に出会うための一つの扉に過ぎなかったともいえると思います。

私たち読み手は『平家物語』という扉の前でとまるのか、扉を開けてこの詩人と一緒に沙羅の木を見るのか、が問われるわけです。

さらにいえば、この詩人には、沙羅に呼ばれたという感覚がある。沙羅は永遠なるものであり、それは人間を超えた存在でもあります。この世ですべてが終わるのではなくて、永遠なる世界があるのだということを沙羅が教えてくれているのです。

## 書く営みに自分を投げ出し何かが顕われるのを待つ

**——沙羅を探している自分をずっと探している、そんな感じでしょうか。**

その通りです。だからこそ、沙羅という言葉が、いくつもの作品で、いくつもの姿で描かれなくてはならないのです。

詩人は言葉の器《うつわ》です。ですから、自分がなぜこれを書いているのか、その理由を知らないこともあります。

このことも詩を書きながらぜひ、感じてもらいたいことの一つです。器は、雨がどこからくるか知らない。雨の水が自分にたまって、どこに流れていくかも知らないのです。

しかし、その雨との出会いを詩にすることを強く求められる。詩人とはそうした役割を担《にな》った存在だともいえます。

**——答えが詩なのではなくて、その道のりが詩になっていくということでしょうか。**

そうです。書くという営みのなかに自分を投げ出して、何かが顕われるのを待つのが詩だといってよいかもしれません。

投げ出す、というのは、自分の予見によって世界を狭めない、ということです。

大切なのは、思想によって自分の詩を大きく変更しないということです。先に柳宗悦の言葉にあったように、私たちは自分の信じていることや、好き嫌いなどによって世界をつくっていきます。詩人はまったくそれから自由だとは言いませんが、それらを手放す準備をしているように思います。


**——自分をなくすってことでしょうか。**


自分をなくすのではありません。これが自分だと感じているものを、何か固定したもののように思い込まないのです。

ある人はそれを無私という言葉で表現します。

思想や好き嫌いといったものを最優先すると、存在そのものから離れて行ってしまいます。

自分と異なる考えを持つ人が、とても大切なことを伝えてくれることがあります。しかし、これを好き嫌いの目で見ていると見過ごしてしまいます。詩人は、限界を知りつつも、

思想によって自分の詩を
大きく変更しない

なるべくありのままに表現しようとすることを求められることがあるのです。

**――そうなると、自分が書いているというよりも、何かに書かされているという感じになりませんか。**

その何かを昔の人は「詩神《ししん》」と呼びました。詩の神とまでもいわなくても、何かに言葉を託されている、と感じている詩人は少なくありません。

リルケにとって詩を書くとは、天使と死者から言葉を預かることでした。彼はそのありようを『ドゥイノの悲歌』でありありと歌い上げています。

声がする、声が。聴け、わが心よ、かつてただ聖者たちだけが
聴いたような聴きかたで。巨大な呼び声が
聖者らを地からもたげた。けれど聖者らは、
おお、可能を超えた人たちよ、ひたすらにひざまずきつづけ、それに気づきはしなかった。
いいいいそれほどにかれらは聴き入るひとであったのだ。おまえも神の召す声に

堪えられようというのではない、いやけっして。しかし、風に似て吹きわたりくる声
　を聴け、
静寂《せいじゃく》からつくられる絶ゆることないあの音信《おとずれ》を。
あれこそあの若い死者たちから来るおまえへの呼びかけだ。
（手塚富雄訳）

ここでリルケは、聖者たちが聞いた無音の「声」、すなわち神の、あるいは神の使者である天使の声を引き受けようとします。さらに死者からの呼びかけに向き合おうとする。「風に似て吹きわたりくる声」とあるように、これらの「声」は、私たちが日ごろ用いている言語とは異なるものです。井筒俊彦のいう「コトバ」です。

**――授業で「叙事詩」と「叙情詩」の違いを習ったのですが、よく分かりません。**

「叙」は、「のべる」という意味をもつ言葉です。ですから出来事をのべるのは「叙事詩」、情、すなわち、こころのありようをのべるのが「叙情詩」です。「抒情詩」と書くこともあります。「抒」もやはり「のべる」という意味の文字です。

ですので、出来事を描いたのは「叙事詩」、心情を描き出したものは「叙情詩」という

ことになります。

ですが、私も自分で詩を書くまでは「叙事詩」と「叙情詩（抒情詩）」の区分など真剣に考えたことはありませんでした。

詩を書くために叙事詩と叙情詩の区別を知る必要はありません。それは絵を描くのに風景画と人物画の違いを知る必要がないのと同じです。

あとで自分が何を描いたか、あるいはこれまでどんなものが描かれたのかを整理するのにはとても便利ですが、その知識がなければ詩を書けないというものではありません。はじめは、叙事詩を書こうと思ったのではなく、書いたら叙事詩になった、というくらいがよいかもしれません。そもそも、叙事詩と、叙情詩に明確な区分があるわけではないのです。

先に引いた「馬」は、様式からいえば「散文詩」で、主題から言えば「叙情詩」だといえます。さらに光景を描いた「叙景詩」という言葉もあります。

「叙景」という言葉を文学の現場に持ち込んだのは正岡子規です。当時、「叙景」という言葉は新しく、西洋の詩学では叙事、叙情はあるが、「叙景」はないと、子規を批判した人がいて、子規はそれを受け、どうして西洋の詩の理論をそのまま受け継がねばならないのか、自分は「西洋の真似をしたのではないといふてその時に笑ふた」（『病牀六尺』）と書いています。

子規は西洋のことであれば、何でも正しいと考える人を緩やかに批判しているわけですが、現代の日本でも、これを過去のことだといえない状況にあるようにも感じられることがあります。詩は、西洋の文化だとはいわないまでも、行動がそうなっている詩人はけっして少なくありません。

ですが、子規が感じていたように、現実にはこれら三つは、わかちがたいほど密接に結びついています。詩人が叙情を描いたからこそ、読み手にある出来事がまざまざと伝わることもあります。もちろん、その逆もあるわけです。こうした区分は、一つの目安です。

**――これまでも五行、六行と短い詩でした。授業で習った詩はもっと長かったように思います。詩の長さに意味はあるのですか。**

詩には「短行詩」と呼ばれる様式があります。何行という決まりはありませんが、おおむね六行を目安にしてもよいかもしれません。短いものでは一行詩もあります。

特別の決まりはありません。しかし、四行詩、五行詩と自分にあった様式をあえて決めて、その決めごとをちからにして表現する人もいます。

短行詩を本格的に学びたいという人は、岩崎航と八木重吉の詩を丹念に読むのがよいかもしれません。二人は共に短行詩によって今を深く掘る、という道を切り拓いてくれました。重吉の代表作は次の「素朴な琴」です。

この明るさのなかへ
ひとつの素朴な琴をおけば
秋の美くしさに耐へかね
琴はしづかに鳴りいだすだらう

（『貧しき信徒』『八木重吉全集』第二巻）

詩人として、このような作品を一つ、書き記すことができれば、その使命は全うしたといってよいと思います。彼には「かなしみ」という二行の詩もあります。

このかなしみを
ひとつに　統《す》ぶる　力はないか

（『秋の瞳』『八木重吉全集』第一巻）

自分を襲う、深いかなしみを何かまったく異なる一つのちからに変じることはできないか、という祈りのような言葉です。

祈りに長い、短いは関係ありません。詩は、あるがままの姿でよいのです。書きたいことが書けるのです。

## ――制限がある方が書きやすい、あるいは書きにくいということはありますか。

制限ではなく「型」と捉えるとその意味がいっそうよく感じられると思います。

型は、制限のために生まれたのではないのです。そうすることで、より豊かな言葉が生まれることを誰かが見つけたのです。

自由詩が難しい、と感じる人は、和歌や俳句から入るのもよいと思いますし、四行詩、五行詩という行数の決まりのなかで詩作をしてみるのもよいのではないでしょうか。

大切なのは、こころをこめて、最初の一行を書くことです。そのあと、五行詩になっていくかもしれない。気がついたら二十行になっていることもあります。

詩は、頭で考えず――池田晶子は、それを「悩む」といいます――悩むのではなく、全身で「考え」なくてはなりません。

書くことそのものが考えることになってくるとよいと思います。頭で考えていることを書くのではなく、書くことで考えられるようになれば、詩のよろこびはその分、深くなっていきます。

**――中国の漢詩には、五言や七言の絶句、律詩など、いろんな型や決まりがあると授業で習いました。日本の詩には同じような決まりはあるのでしょうか。**

中国では、詩の様式がほんとうに高度に完成していきます。そこには一行五文字、あるいは七文字という決めごとだけでなく、押韻《おういん》や平仄《ひょうそく》といった「音」に関するもの、そして起承転結の流れの決めごともあります。

李白乘舟將欲行
忽聞岸上踏歌聲
桃花潭水深千尺
不及汪倫送我情

李白　舟に乗って将《まさ》に行かんと欲す
忽《たちま》ち聞く　岸上踏歌《がんじょうとうか》の声
桃花潭水《とうかたんすい》　深さ千尺
及ばず　汪倫　我を送るの情に

李白が舟に乗って出発しようとしているとき、
思いがけず岸辺から、足を踏みならして歌う声が聞こえてきた。
ああ、ここ桃花潭の水は深さ千尺。
しかし、汪倫が私を送る真情《まごころ》の深さには及ばない。

（松浦友久編訳『李白詩選』「汪倫《おうりん》に贈る」）

この詩でも押韻があります。

一行目の最後「行」〔こう〕
二行目の最後「聲」〔しょう〕

## 韻が単なる技巧になると意味の深みが失われる

四行目の最後「情」〔じょう〕

こうして「音」を整えることで読む人の心に届けようとするのです。韻を踏むことによって、言葉たり得ないものを表現させ、読む者に感じさせる。踏まないとだめだということではなく、韻はなんとなくできたものではない、なくてはならないものです。経典の美しさと同じだと思います。

唱えられた般若心経《はんにゃしんぎょう》は美しい。あれは人間のなかに内在《ないざい》するリズムだからです。言葉たり得ないものと共振していくための準備みたいなものです。

日本の詩でも韻を踏んでいるものもあります。しかし、それは中国の詩のようにきまりではありません。きちんと行うには訓練が必要です。ですが、それも詩の一つの姿で、唯一のものではありません。単なる技巧になってしまうと韻だけが残って意味の深みが失われてしまいます。

しかし、こうした目に見える技巧の奥にあって、詩人たちが重んじたのはやはり余白です。

ここで李白は、親友である汪倫のまごころの深さがどれくらいかとはいいません。自分が渡ろうとしている河の深さは「千尺」ある、というとき、これも量ることができないほど深いという意味です。でも、友の心はさらに深いというのです。

詩人は、明言しないことで、量的な「深さ」では表現することのできない「深み」を描き出そうとします。

**――詩を書くときに行ってはならないことはあるのですか。**

現代の日本の自由詩において、禁じられたこと――そうしたことを「禁忌」といいます――はありません。ですが、技におぼれないで詩を書くことを忘れないでいていただきたいと思います。

「光陰《こういん》」という言葉があります。光と陰が一つになった状態のことです。光陰は、時間を意味することもありますが、それは永遠の「時」と過ぎ行く「時間」が一つになった状態です。詩は、光陰の芸術でもあります。

技巧にかたよった詩にあるのは光だけで、陰はありません。目に見える文字も大事ですが、それは余白という陰とともにあってこそ意味を持つのです。

**――同人誌などグループで詩を書く人もあるといいますが、同人とか仲間がいることの**

## よいこと、よくないことはありますか。

仲間がいるとよいことは、受け取ってくれる相手をはっきりと感じられて、それが書く動機になることです。そして、よき仲間であれば、互いに高め合っていけることも少なくありません。

先に見た以倉紘平と後にふれる山下春彦はともに『アリゼ』という雑誌の同人です。中原中也は、小林秀雄らと『文學界』という同人誌に名を連ねていました。冒頭に引いた谷川俊太郎は、茨木のり子らと『櫂《かい》』という同人誌に寄稿していました。原民喜は、雑誌を作るのが好きだったようで、若い頃、家族と雑誌を作ってそこに寄稿していました。

日本の現代詩の歴史は、同人誌を抜きにして語ることはできません。詩を書き続け、詩を読まれ続ける場は、詩人にとってはきわめて大切なものです。

ただ、注意しなくてはならないことがあるとすれば、詩を味わうことよりも、詩を比較し、評価する傾向が強くなってくることかもしれません。

その人が書いた詩は、当然ですが、世界に一つのものです。そうしたものとして読み、接することが大事です。ただ一つのものを相対化して評価する行為が、あまりに過ぎるのは問題です。

詩人のなかには、同人誌から離れたところで書き続ける人もいます。賢治もそうしたひとりでした。彼は準備していた二冊目の詩集（『心象スケッチ　春と修羅　第二集』）の「序」に次のような言葉を残しています。

わたくしの敬愛するパトロン諸氏は
手紙や雑誌をお送りくだされたり
何かにいろいろお書きくださることは
気取ったやうではございますが
何とか願ひ下げいたしたいと存じます
わたくしはどこまでも孤独を愛し
熱く湿った感情を嫌ひますので
もし万一にもわたくしにもっと仕事をご期待なさるお方は
同人になれと云ったり
原稿のさいそくや集金郵便をお差し向けになったり
わたくしを苦しませぬやうおねがひしたいと存じます

## 独りでいるときにこそ、何かに向かって開かれている

本を読んでくれるのはありがたい、でもその感想を送ってきたり、書いたりするのはやめてほしい。同人になれと誘うのもやめてほしい、というのです。

『心象スケッチ　春と修羅』は、多くの人の手に渡ったとはいえませんが、読むべき人の手には届いていました。本は、じつに不思議なものです。少数しか売れなくても、住所が記された手紙のように相手に届くことがあります。

当時、賢治は今日から見れば無名の詩人です。ですが、中原中也は賢治を愛読していました。高村光太郎（一八八三〜一九五六）、草野心平（一九〇三〜一九八八）といった人物も、そして坂口安吾（一九〇六〜一九五五）も賢治を読んでいます。戦後の日本現代詩において重要な役割を担う永瀬清子《ながせきよこ》（一九〇六〜一九九五）もその一人です。

これまでも述べてきましたが、同人誌に連なっていてもいなくても、「書く」とき人はいつも独りです。

しかし、同時に、独りでいる時にも、人は見えないかたちで仲間と結びつくのです。ここで「仲間」というのは生きる人だけではなくて、亡くなった人も含みます。

ほんとうにそうした者たちと結びつこうとするとき、たくさんの人といる時は、なかなかそうなれない。独りでいるときにこそ、何かに向かって開かれているのが人間ではないでしょうか。

## ――詩の入門書としてよいものを教えてください。

愛読する詩人を見つけることほど、よい入門はありません。世にいう入門書でも、茨木のり子の『詩のこころをよむ』のように長く読まれている著作もあります。私も高校生のときに読みましたが、そのときはよく分かりませんでした。茨木のり子が自分にとって大切な詩人になったのは、四十五歳を過ぎたころです。

ですが、あえて入門書をあげるとすれば、先にふれた永瀬清子の『短章集』『短章集 続』の二冊です。そこで彼女は、詩人は何を描くのか、ということにふれ、次のような言葉を残しています。

それは「思い」をくっきりさせたいからだ。
自分をみつけ自分の流れを流れたいからだ。
月の引力で、時々自分自身の不平不満が脹《ふく》れあがってくる、そのためだ。
仮に野山に小さなふしぐろせんのうの花が咲いていても誰もみないそのためだ。
仮に印度から帰っての報告書に、誰も土の紅かったことは書かない、そのためだ。

印度そのものが古い紅い土からできているのを私が愛しているそのためだ。
すべてわがどもりのためだ。

（「詩をかくのは」『短章集　続』）

詩は、世の人が見過ごすところに何かがあることを記録する者である、というのです。彼女は、現代日本を代表する詩人のひとりですが、同時にハンセン病の人たちをはじめ、弱い人と寄り添って生きた人物でした。

ここで彼女は、なぜ、自分が詩を書かねばならないと感じるのかを独白しているように見えます。しかし、彼女はどこかで、自分の独白を受け取ってくれる未知なる読者が存在することを疑いません。愛する詩人の発見は、きっと素晴らしい「読者」の発見になると思います。私たちはこの亡き詩人たちに向かって詩を書くこともできるのです。

詩を真剣に学びたい人は、哲学の本を読むのもよいかもしれません。

## 詩を真剣に学ぶには哲学の本を読むのもよい

**――詩と哲学は何か関係があるのでしょうか。**

詩と哲学は、ほんとうは一つのものだった、というと驚くかもしれませんが、ほんとうです。

詩も哲学も人間の内面、もしくは世界の深みの意味を考察し、それを人々と分かち合うことだったのです。けれども、現代になって二つは離れてしまったのです。

現代における哲学は、世界の構造やさまざまな現象を語ることに傾いていきます。私たちにとって人間を超えたものは何か、といったことを充分に語り得なくなってしまいました。

先にふれた道元は『正法眼蔵《しょうぼうげんぞう》』という大きな宗教哲学の書を書いていますが、同時に歌も残しています。法然も明恵《みょうえ》という僧も同じです。『古事記伝』を書いた本居宣長《もとおりのりなが》も多く和歌を残しています。

日本の哲学は西田幾多郎《きたろう》（一八七〇～一九四五）から始まったと言われています。近代日本ということであれば、それも間違いではないかもしれません。ただ、日本に古くから哲学がなかったかというと、そうとはいえないと思います。

### 日本の哲学の源流は和歌にある

日本の哲学の源流は和歌にある、つまりこの世の常ならぬものを歌であらわそうとした人々がいて、それを西洋のような論理のかたちではなく、詩情のかたちであらわそうとした――という考え方があります。

たとえば紀貫之《きのつらゆき》など『古今和歌集』の歌人たち、『新古今和歌集』の代表的な歌人である藤原定家、式子内親王《しょくしないしんのう》、西行などこそが、じつは日本における哲学の先駆けであり、ほんとうの意味での哲学者だったのではないかと考える人もいます。

## ――歌が哲学の形式だったのですか?

そうです。現代人のように論文に書かずに歌に託したのです。ですから先に見た『古今和歌集』は、日本最初期の哲学書だともいえるのです。もちろん、さらにさかのぼって『万葉集』にその痕跡を探すこともできます。

詩人でもあり、批評家の越知保夫《おちやすお》(一九一一~一九六一)は、『古今和歌集』が日本の文化に決定的な影響を与えた、そこには和歌にとどまらない、文学的だけではない哲学的な、宗教的なものすら入っていると語りました。

彼の作品を読み、私は、和歌という詩のなかに、現代の哲学でいう、たとえば存在論、現象学、時間論……いろいろな哲学的主題が入っている、三十一文字のなかにそれが多く表現されていることに気づかされました。

ひさかたの　光のどけき　春の日に　静心《しずごころ》なく　花の散るらむ

『古今和歌集』の撰者のひとり、紀友則《きのとものり》の和歌です。

「静心なく」は落ち着かない心で、という意味ですが、自分が落ち着かないのでなく、花が落ち着かないんです。蠢《うごめ》いている。それは、私たちが感じている世界の奥にもう一つの世界がある、という存在の哲学です。

もう一つの世界をここでは「超越界」と呼ぶことにします。詩人、あるいは歌人は、私たちが暮らす現実界と超越界のあわいに立つ人です。

西行が桜を歌うとき、それは眼に見える世界で見た桜であり、同時にそれは超越界で「生きている」亡くなっていった人たちでもあるのです。次に引くのは、『山家集《さんかしゅう》』にある、彼の辞世の歌と伝えられるものです。

願《ねが》はくは　花の下《した》にて　春死《し》なん　そのきさらぎの　望月《もちづき》の頃《ころ》

自分は桜の下で死にたいと歌うのは、亡くなっていった人たちに見守られながら死に向かって旅立ちたいということです。西行はよく死者の魂をなぐさめる旅に出て、鎮魂《ちんこん》の歌を詠んでいます。

## ――俳句も哲学と関係があるのでしょうか。

もちろん、俳句にも哲学的要素が生きています。芭蕉の有名な句、

古池や　蛙飛《かはづとび》こむ　水のをと

これも、ただカエルが池に飛び込んだ、というだけではなく、水の「をと（音）」は、いったいどこから来るのか、という永遠を問う「詩」でもあります。そしてここで描かれている「音」は、芭蕉の鼓膜《こまく》をゆらしているだけでなく、存在世界そのものの響きだ、というのです。

偶然、芭蕉が永遠を描き出した、というのではないのです。

何も大げさなことではありません。実際にそうなのです。ただ、私たちはそれを十分に感じられないから「ない」ことのようにみなしているだけです。

禅の公案《こうあん》――師弟の問答――のなかに隻手音声《せきしゆおんじよう》という言葉があります。両手を打って、どこが鳴ったのか、右の手か、左の手かと、師は問うのです。どちらでもありません。「世

界」が鳴ったわけです。

それと同じで、「古池や」の句も世界はとどろき、共振する、世界は止まることがないというすがたを描き出しているのです。

古代ギリシアの哲学者ヘラクレイトスは「万物は流転する」といいました。万物が流転することを証明しているのが「古池や」であって、私たちは蛙が飛び込む水の音を聞いたときに、万物が流転しているんだと初めて知るのです。ヘラクレイトスが感じたことを芭蕉も感じ、それを俳句に表現したのです。

「哲学」という言葉は新しいですが、古くから「哲人」という言葉があって、この世のことわりを全身で感じている人のことです。古代中国の孔子や老子などもそうです。哲学とは哲理を明らかにすることで、『老子』などは思想の本ではなく、詩そのものです。もちろん文献学的に読んでいくこともたいへん重要で面白いのですが、詩的に読むこともできます。詩的に読んでみなければ分からない部分も少なくないと思います。

**――それは日本人の特性なのでしょうか。**

和歌のような短い言葉に哲学を凝縮できた、という点ではそうとも言えますが、ほんとうは西洋でも詩は哲学の先駆けでした。

このことに関心のある人は、井筒俊彦の『神秘哲学』という著作を読むとよいと思います。井筒は、この本で古代ギリシアにおいて詩と哲学がいかに深く関係していたかを語っています。


**——詩と哲学は、近しいといわれると、違いはどこにあるのでしょうか。**


かつて詩と哲学は一つの円の半円のような関係でした。問題は、両者が、いつ分かれてしまったのかということを確かめる方が重要かもしれません。

もともと同じものの二つの側面のはずであって、ならば哲学とは何か。この世はどう存在しているのか、われわれの心はどう動いているのか、神とは何か、宿命とは、これらはすべて詩の主題でもあります。

それを哲学のように論理で探求していくのか、詩のように歌いあげるのか、という道行きの違いです。

最終章

# 詩を贈る

生きるというのは、当たり前のことではありません。そこにはさまざまな出来事があります。順調に行くことばかりではありません。つまずいたり、転んだりすることもあります。詩は、そんなとき、立ち上がるための「杖《つえ》」になります。

そして、この杖は、自分で用いるだけでなく、大切な人が困っているときに、そっと差し出すことのできる杖でもあるのです。

あたりを見回しても、詩なんて身近に感じることができない、という人が多いかもしれませんが、しかし、詩はいつでも私たちのまわりにいます。ただ、人間がそれを見つけることができないのです。リルケは『若き詩人への手紙』で、自分の日常が貧困だと嘆く若者を戒めます。

もしあなたの日常があなたに貧しく思われるならば、その日常を非難してはなりません、あなた御自身をこそ非難なさい。あなたがまだ本当の詩人でないために、日常の富を呼び寄せることができないのだと自らに言いきかせることです。というのは、創作する者にとっては貧困というものはなく、貧しい取るに足らぬ場所というものもないからです。そして、たとえあなたが牢獄に囚《とら》われの身となっていようと、壁に遮《さえぎ》られて世の物音が何一つあなたの感覚にまで達しないとしても——それでもあなたにはまだあなたの幼年時代というものがあるではありませんか、あの貴重な、王国にも似た富、あの回想の宝庫が。そこへあなたの注意をお向けなさい。この遠い過去の、沈み去った感動を呼び起すようにお努めなさい。（高安国世訳）

どんなに豊かなものでも、欲望によってくもってしまっては、その真の姿を見ることはできない、とリルケはいうのです。詩は、特別な出来事を言葉にするためにあるのではなく、その意味を見過ごしがちな日常を永遠の世界と結ぶためにあると若者に語りかけるのです。さらにここでリルケが幼年時代を顧みることを忘れてはならないと述べているのも印象的です。

幼い日、私たちはどれほど深く、豊かに世界と交わっていたか、先に見たモンテッソーリの言葉を想い出すだけでも十分に想像できます。そのころに起こった、あらゆる出来事は、私たちの内に眠っている可能性を目覚めさせる「事件」でもあったのです。モンテッソーリは、「成長とは誕生の連続である」というある生物学者の言葉を引いています。それは私たちが成人しても真実なのではないでしょうか。

これまでも述べてきましたが、詩を書くのは、世界を言葉というスコップで掘るような営みです。書いているうちに、意識しないまま、自分が探しているものの方へ進んでいるのです。

人は、必要なものを自分のなかから発見することができる。それだけでなく、掘り出したものを自分の大切な人に贈ることもできるのです。

**――言葉を贈るということがよく分かりません。**

世の中にはさまざまな贈り物があります。言葉は、そのなかでももっとも美しく、また、もっとも長く生き続けるものではないかと思います。

和歌は、亡き人へ歌を贈るところから始まりました。亡き者たち、死者たちへの歌を挽《ばん》歌《か》といいます。

日本の詩の起源は、『万葉集』にさかのぼることができますが、この最古の和歌集の基盤となっているのも挽歌です。

挽歌の次に生まれたのが相聞歌《そうもんか》です。相聞の歌も葬歌で、じつは別れと情愛の発生とは同じであることが分かる。人は、別れて初めてその人のことを深く愛していることを知ることが少なくありません。また、自分が感じていたより自分はあの人のことを大事に思っていたことを知るのです。ですから「別れ」は愛の発見でもあります。

人は、必要なものを
自分のなかから発見することができる

ある人が、神に、愛とは何かを教えてほしい、と祈っていたとします。それを告げ知らせる出来事は、耐えがたい別れを通じてその人にもたらされることも、人生にはあるように思います。

**――言葉を贈るというのは、昔の人の風習なのではありませんか。**

先に見た永瀬清子が、言葉を贈る――彼女の場合は詩を書くということですが――ことをめぐって次のような言葉を残してくれています。

彼の病気がもうだめだと知っても
私は決して見舞に行かない。
なぜなら最後に看病する人は私ではないから。
私は遠く離れて
一心に看護できる人を羨むが、
その役目は私ではないから
私は遠く離れて

詩を書くことだけがつとめだから
私は遠く離れて葬式には行かない。
私は一人離れて悲しむことだけがつとめだから。

（「詩についての三章」『短章集 続』）

これほどのおもいが、詩になって、相手のこころに届かないとしたら、詩はとうの昔になくなっていたでしょう。ここに見られるのは、彼女の情愛のほとばしりと決意だけではありません。詩という存在への深い信頼なのです。

**――詩を書くのをすすめるのは分かるのですが、どうして贈ることもすすめるのですか。**

これまでの人生で、後悔は数えきれないほどあるのですが、その一つに若いときから詩を読まなかったこと、書かなかったことがあります。

詩を読んでいれば、あれほど孤独に苦しむこともなかったのではないか。

詩を書いていれば、もっと自分のなかにあるものをたしかに感じることができたのではないかと考えるのです。

苦しいとき、悲しいとき、それに向き合うことは簡単なことではありません。しかし、そのとき、友が一人いれば生き抜くことができる。そうした未知なる友を詩集のなかに見出すことができたのではないかと、今は感じています。

そして、自分だけでなく、自分にとって大切な人の問題も、もっと深く感じ、考えることができたのではないかと、後悔しているのです。

**――詩を贈るべき人が見つからない場合はどうしたらよいでしょうか。**

後の世の人に、未知なる苦難を生きる人に詩を贈ってください。苦しみのなかにあって助けを見出せない人を思い浮かべながら、詩を書いてみてください。あなたは一人ではないのだと未来に向かって言葉を書き送ってください。

後世の人が私の詩をどう受け止めてくれるかは分かりませんので、私が受け取った経験をお話ししたいと思います。それも今日では、その作品の入手がむずかしい詩人を紹介したいと思います。

まず、取り上げたいのは、先に見たブッシュ孝子の作品です。私は次の詩を悲しみの底にあるときに読み、文字通り救われたおもいがしました。

暗やみの中で一人枕をぬらす夜は
息をひそめて
私をよぶ無数の声に耳をすまそう
地の果てから　空の彼方から
遠い過去から　ほのかな未来から
夜の闇にこだまする無言のさけび
あれはみんなお前の仲間達
暗やみを一人さまよう者達の声
沈黙に一人耐える者達の声
声も出さずに涙する者達の声

（『白い木馬』）

この詩には題名がありません。題名を考えるのにもあるエネルギーがいります。病身だった彼女には、その体力が残っていなかったのかもしれません。

しかし、作品自体は類を見ないものです。この詩を教材にして「かなしみの詩学」という章を新たに書きたいと感じるほど、秀逸な、そして真実を描き出した一篇です。

彼女は重篤なガンを患っていました。しかし、人生の伴侶に出会い結婚もした。それにもかかわらず、遠からず死に別れなくてはならないことも分かっている。そうしたとき、彼女が夜、独りで眠っていたら四方八方から私の知らないかなしみが襲ってきたというのです。

他者のかなしみが近づいているとき、私たちはそれを避けようとしたり、拒もうとしたりすることがあります。しかし、彼女は違います。それは自分の「仲間」だというのです。声は、地の果て、空の彼方、過去、未来からもやってきたと彼女は書いています。そしてそれは「無言のさけび」として顕現した。自分が聞いたのは「声も出さずに涙する者達の声」だったというのです。

忘れないでください。人は、本当に悲しいとき涙を流さないことがあるのです。月に映る涙は涸《か》れ、こころを流れる見えない涙となるのです。

この詩を読んだとき、今、悲しんでいる自分の声にならない嘆きを彼女が受け止めてくれていたのではないかと思いました。

時間の法則からいえば、まったくの空想です。しかし、「時」の世界ではこうしたこともあり得るのです。

人は深い感情を経験することによって、出会ってもいない人と共振する。独りだけれど一人ではないことを発見できることを、この詩は強く訴えています。

もう一人、恩人というべき詩人がいます。志樹逸馬《しきいつま》（一九一七～一九五九）という人物です。この詩人の言葉からも私は、今も生きるちからをもらっています。その詩を読むたびに自らの「いのち」の原点を照らしだされるおもいがします。何のために生き、何のために言葉をつむぐのか、また、何のために言葉を読むのかを改めて考えさせられるのです。

この人物の名を知ったのは、神谷美恵子（一九一四～一九七九）が書いた『生きがいについて』という著作でした。じつは、ブッシュ孝子の詩に出会ったのも神谷の別の著作（『こころの旅』）でした。

『生きがいについて』は、二十世紀日本を代表する思想書です。この本は、岡山県ハンセン病療養所長島愛生園《ながしまあいせいえん》に暮らす人々との交わりがなければ生まれませんでした。志樹逸馬もここで長く暮らしました。志樹と神谷の出会いは、詩を愛する者同志――神谷美恵子にも『うつわの歌』という没後に編まれた詩集があります――じつに深い出来事になりました。

この本で神谷は、志樹の言葉と複数の詩を引用しています。なかでも私が打たれたのは「土壌」と題する作品でした（神谷の著作では一部省略があり、誤記もあるので、原典から全文を引きます）。

わたしは耕す
世界の足音が響くこの土を
全身を一枚の落ち葉のようにふるわせ　沈め
あすの土壌《どじょう》に芽ばえるであろう生命のことばに渇《かわ》く
だれもが求め　まく種子から
緑のかおりと　収穫が
原因と結果とをひとつの線にむすぶもの
まさぐって流す汗が　ただいとしい

原爆の死を　骸骨の冷たさを
血のしずくを　幾億の人間の
人種や　国境を　ここに砕いて
かなしみを腐敗させてゆく

わたしは
おろおろと　しびれた手で　足もとの土を耕す

どろにまみれる　いつか暗さの中にも延してくる根に
すべての母体である　この土壌に
ただ　耳をかたむける

（『志樹逸馬詩集』）

「人種や　国境を　ここに砕いて／かなしみを腐敗させてゆく」、この一節は、私の人生の規範になりました。育った環境や人種の違いは、争うためでなく、そこを越えていくためにある。差異は、その彼方にあるほんとうの豊かさへの入口であることを、この詩人に教えられました。

「しびれた手」というさりげない表現からもにじみ出ているように、この詩人自身、大きな苦難を背負いながら生きましたが、それゆえになのでしょう。彼は他のところで苦しみ、嘆きながら生きた者の声を聞き逃すことがありませんでした。

真摯《しんし》な悲しみこそ、後世への遺産であり、自分が生き、立っているこの「土壌」が、未知なる先人の涙によって強められている。過去の見知らぬ死者たちによって今という時代が支えられている、というのです。

人種や国境だけではありません。時代、宗教さらには生者と死者など、現代人は世界を二分することにあまりに慣れ過ぎています。分断することが認識を深めると思い込んでいる風潮があります。この詩人は、別な道を行きます。違いが生まれるのは、一なる源泉があるからだと感じています。

生前、彼の作品は、近くにいた人に愛されましたが、世に広く知られるということはありませんでした。しかし、私や神谷美恵子がそうだったように、彼の言葉にひとたびふれた者は、それ以前の人間には戻れないように思います。

文学の歴史は不思議です。これだけの詩を生んだ詩人を六十年も眠らせておくのです。しかし、それは後世の私たちが、求めるこころに目覚めるためかもしれません。人は、差し出されたものに潜む豊かさを見過ごし、同じものを自ら見出したとき、そこに真実を見るからです。

彼自身は、自分の詩を理解し、愛してくれる幾人かの読み手がいれば、それでもよかったのかもしれません。彼は一人の読者の重みを知っていました。むしろ、それだからこそ不朽の言葉になったようにも思います。

最後にもう一人紹介したいのは、山下春彦（一九一三〜一九九七）です。彼の名前を知る人は少ないとおもいます。

山下は、岡山県の津山で醤油の醸造業に長年携わっていました。初めての詩集『誰もいない』を出したのは亡くなる二年前、八十三歳のときでした。

若い頃に、詩の雑誌に投稿するほど詩作に熱心でしたが、二十四歳のときに家の事情で家業を継ぎ、それ以降、三十年間は詩を書くこともなく仕事に励んで家族を養います。そして隠居生活に入り、五十余年の空白をへて八十歳でふたたび詩を書きはじめ、八十五歳で亡くなるまでに二冊の詩集を出しました。

二冊目にして最後の詩集となったのは、亡くなる三ヵ月前に出された『春の口はまひる』です。その詩集の題名にもなったのが次の作品です。

ずっと　前から
誰かが　わたしを呼んでいる

それは
遠い日のことでもあるようだし
いま　耳もとで
呼んでいるようでもある

ゆれる　木の葉
過ぎ去った　日々の翳《かげ》

遠くで
見えないところで
誰かが
わたしを呼んでいる

わたしは
そっと　振りかえる

ここでの「遠い日」とは時間的な過去を指すだけではありません。この詩人は、人間がこの世界に生まれてくる以前の場所、彼方の世界を感じ得る人物でした。

もう一篇、この詩集の最初に置かれている詩を紹介したいと思います。

詩集のはじめに何を置くかを詩人はあるエネルギーを費やして考えます。最後まで読んでくれない人も最初の詩は読んでくれるかもしれないからです。「夢幻樹」、夢まぼろしの世界の樹木という題です。

美しい樹があった

不思議な　光彩に粧われて
ただ　一本
高雅に　すっきりと

そこに立っているだけで
たとえようもなく　美しく

かたちは　棕梠の木のようで
花が咲いているわけではない
実がなっているわけではない

その佇《た》っている姿が

そのまま　優雅で
やはり　それは
夢の中にしかない　樹であった

この詩人は、眠っているあいだにこの「樹」をみたのかもしれません。しかし、この鮮明なヴィジョンを言葉にした詩は、そこに留まらない何かがあることを感じさせます。

彼は、イギリスの詩人ウィリアム・ブレイクのように、この世にいながら、永遠の世界に旅することができる人だったことが、この一篇からも感じられます。

『春の日はまひる』には、こうした作品が三十篇収められています。私たちはこの世のことにあまりに熱情を注ぎすぎ、もう一つの世界で育っている「樹」と会話することを忘れているのではないかと、穏やかにさとすようでもあります。

この詩人の作品をひとたび読んでから、山下春彦は「わたしの詩人」になりました。彼もまた、叡知《えいち》という稀有《けう》なる贈り物を届けてくれた忘れがたい恩人にもなったのです。

## 作品をひとたび読んでから、山下春彦は「わたしの詩人」になった

**――詩を贈るというのが、美しい行為であることは分かります。でも、それは、書く方**

**の自己満足なのではないでしょうか。**

少なくとも歴史はそう語っていません。むしろ、詩を贈ることは、人間ができるもっとも美しい行為の一つだというのが定説ではないでしょうか。言葉は、こころから出たもので、かたちがない、そして朽ちないからです。書いた紙がなくなってもよいのです。誰かが読めば、見えない意味のかたちが贈られた人のこころで新生するのです。

**——詩を贈るとき、その人のことを詩に書けばよいのでしょうか。**

その人のことを書く、というよりも、その人のことを感じながら書く方が大切です。むしろ、その人のことを書いた詩を贈る、というのにはためらいも生じやすいと思います。大切な人と接した風景や出来事、あるいは大切な人から教えてもらったことの成果や果実を詩にしてもよいと思います。

**——詩を贈るのは一篇がよいのでしょうか。複数でもよいのでしょうか。**

詩を贈ることは
人間ができるもっとも美しい行為の一つ

一篇の詩を大切な人に贈る、ということもできますが、「詩集」を作って贈る、ということもできます。詩は、ほかの詩といっしょになるとまた、違った味わいや響きを持ってきます。

一つの詩を贈るのも素晴らしいです。しかし、詩集も贈れるということも忘れないでいてください。

## ――自分の詩集を編むなど、想像できません。

そんなことはありません。誰にでもできます。いま市販されている詩集は、だいたい二十数篇の詩が収められていることが多いのです。

たとえば、ひと月に二篇、詩を書くことができれば、一年に一冊、詩集を残せることになります。

年号が入った「イヤープレート」と呼ばれる、壁に掛けるための皿があります。「イヤーブック」としての詩集があってもよいように思います。それは自ずとその人の自伝にもなっていきます。

すぐに詩集を編むのがむずかしければ、自分が愛する詩を集めた「詩選集」を作ってみてください。それを贈るのも素晴らしい贈り物になります。

## ――詩選集とは何でしょうか。

「アンソロジー」という呼び方もあります。古今東西、さまざまな詩を読み、そのなかから自分が愛する他者の詩を選んで一冊の本にするのです。それをできれば、肉筆で書き記して、大切な人に贈るのです。それは世界に一冊だけの詩選集です。

この本に引用した詩は、すべて私が愛した詩です。もちろん、ここに収めきれなかった、愛する作品も数多くあります。

おすすめしたいのは、ひと月に一冊の詩集を読んで、そこから二篇の詩を選び、一年間それを続けることです。

すると、そこに二十四篇の詩が選びだされることになります。そこに自分の詩を一篇添え、全二十五篇の詩選集として贈り物にしてはどうでしょう。

選んだ詩には、いつ出会ったかの日付を入れてもよいと思います。それを見た相手は、一年間、自分のことをおもって一冊の本を編んでくれたことによろこびを感じてくれるかもしれません。

## ——毎年、詩選集や詩集を編む人は少ないと思うのですが……。

もちろん、そうです。しかし、私はこれを強くおすすめしたいのです。なぜなら、言葉こそ、その人が残し得るもっとも美しいものの一つだからです。

先に見た内村鑑三の講演『後世への最大遺物』では、人間がのちの世に遺せるものとして、まずは財産、事業、思想を挙げています。しかし、これらは遺せる人が限られています。内村は、先の三つよりもさらに素晴らしいものとして、私たちは「高尚なる勇ましい生涯」を遺していくことができる、と述べています。

これは本当です。ただ、その人生のたたかいの記録を言葉に記すことができれば、なお素晴らしいものになります。

多くの言葉を書き残すことに意味があるのではありません。一冊の詩選集、一冊の詩集でもかけがえのないものです。ですが、それをはるかに超える分量の愛する詩に出会い、自らの詩を書き記している「無名の」詩人たちもいます。

詩集を多く世に送りだした詩人だけが、多くの作品を書いたわけではありません。先にふれた大手拓次は、一冊も詩集を出さずに亡くなりますが、二千を超える作品を残しています。また、志樹逸馬も生前は詩集を刊行していませんが、亡くなってみると遺稿となったノートは数十冊ありました。

大手拓次も志樹逸馬も、生前は、幾人かの人に愛されただけの詩人でした。しかし、亡くなってみると、その作品には、時代、その文化を象徴する言葉があふれんばかりに記されていたのです。

詩は、自分への手紙だといいました。同時に後世の未知なる友への手紙でもあるのです。


**――詩を書いたのですが、なかなか題名をつけられません。**


タイトルをつけるのは難しいです。絵と同じで、詩の題は書き終わってつくことが多いと思います。

もちろんタイトルが先にあって書く人もいるでしょうが、書いてから考えることが多いのではないかと思います。

世の中には完成後もタイトルがついていない詩は少なくありません。ブッシュ孝子に無題の詩が多いのは先に見ました。私も詩を書いていて、題名をつけるのに一年以上を費やすこともあります。

**詩は、自分への手紙であり、**
**後世の未知なる友への手紙でもある**

ただし、私の場合は、時を費やしても、必ずつけるようにしています。それは手紙に貼る切手のようなものかもしれません。

題名は読者に贈る手紙につける言葉の切手なのです。

## ――題名をつける具体的な方法のようなものはありますか。

題名は、詩の附属物ではありません。むしろ、詩を完成させるものです。詩に法則がない以上、題名にもありません。

しかし、絵画の額のようなものという側面もあって、大切なのは、題名が詩をより輝かせるものになることです。額もあまりに派手なもの、豪奢《ごうしゃ》なものは絵の品格を傷つけます。具体的な方法はないのですが、詩人たちがどんな気持ちで題名をつけたかを考えてみることはできます。次に引く詩は、先に見た山下春彦の作品です。この詩に題名をつけてみてください。

どんなに　厳重な塀でも

とりつくしまもないほど
遮断してある塀でも

どこかに
ひとところは
そっと　とり外せるように
仕掛けてあって
じっと立ち止まって　眺めていれば

かならず
それが見えてくる
立ち騒ぎさえしなければ

そのことを
もっと早く　わかっていれば
もっと楽に　人生を送れたものを

ひと　ひとりが
生きてゆく道を塞ぐほどの
おおきな塀は　ありはしないのだ

この詩人は、この作品に「大きな手」という題名をつけました。ここでの「手」は、いわゆる手足の「手」ではありません。経済学者のアダム・スミスが経済は「見えざる手」によって動かされているといいましたが、それに近い意味です。

おそらくこの詩人は、アダム・スミスよりももう一歩深みをのぞき込み、そこに人間を超えた「大いなるものの手」を感じたのではないでしょうか。

題名は、作者自身による作品の「批評」であるともいえます。批評とは、作品の良し悪《あ》しをいうことではありません。それは「評論」です。批評とは、それが何であるかを見極めることです。

## 作者は、自分が何を書いたかよく分かっていないことがある

作者は、自分が何を書いたかよく分かっていないことがある、と先にいいました。それでもなお、自分は、自分で書いたものをこう読む、という意思表明が題名である場合もあります。もちろん、題名は、できるならば、こうしたおもいで読んで欲しいという願いで

ある場合も少なくありません。

大切なのは無理がないことです。詩は、書くときも読むときも自然であることに気をつけてください。

## ――詩集に編むときに順序はどのように決めたらよいのでしょうか。

具体的に話をした方がよいと思います。

まず、多くの場合、詩集の詩の順序は、書いた順番とは限りません。いま私の手もとには、これまで出した詩集に照らしていえば、三冊分ぐらいの詩があります。

ですが、そこに収まったのは、書いた順番ではなくて、意味のつながり、あるいは音のつながりなのです。ある意味では、詩集をつくるのは、あたかも言葉で作曲をするような営みなのです。詩の一つひとつは音節でもある。順番が変われば曲が変わり、意味も印象も変わります。

数年前に書いたものでもどの詩集に収まらないものもあります。

ただ、読者が必ずしも最初から順に読んでくれるとは限らないのです。音と音ですからバラードのアルバムをつくっているのに、とても激しい音は雑音になる。ですが、それは詩が未熟だというよりも、詩集に合わないだけです。
順番に関しては、近しい人に意見を聞くのもよいと思います。それもあまり詩を読まない人の意見を聞いてみてもよいかもしれません。

**――詩集のタイトルはどのようにしてつけたらよいのでしょうか。**

全体を考えて詩集としての新たなタイトルをつける場合もあれば、詩集におさめられた一篇の詩を全体のタイトルにすることもあります。
私が最初に出した詩集『見えない涙』のなかにはそのタイトルの詩はありません。題は全体を貫くものです。二冊目の『幸福論』は違います。タイトルは、自然に決まりました。
詩は、タイトルも本文も、最初は、自分にとって身近な、平易な言葉で書くのがよいと思います。

**――どんなときに詩を贈ればよいのでしょうか。もらった相手も戸惑うのではないかと思います。**

ある高校で詩の授業をしたときのことです。男性の生徒から相談を受けました。友人が悩みをかかえ、とても苦しんでいる、自分は何もできなくてとても悔しい、どうしたらよいか、というのです。

そういうとき本当は、気持ちとしてはぎゅっと抱きしめたいくらいかもしれない。でも、実際にそんなことはできない。

こうしたとき、私たちは言葉を贈ることで、自分の心持ちを表現することができます。真剣に手紙を書くのもよいですし、こうしたときこそ詩を書いてもよいのです。

## ——詩をもらった方が驚くのではありませんか。

きっと、強く驚くと思います。だからよいのではないでしょうか。

受け取ったときは、恥ずかしいと感じるかもしれない。でもきっと、その言葉は、その人の生涯の宝物になります。世に二つとない宝物です。

一人の人間が、生きている間に詩を贈ってもらうことなど、滅多にありません。詩を贈られるのは亡くなってからの方が多いでしょう。

お金では買えないもの、どこにも売ってないものを贈りたいと思ったら、言葉を贈れば

受け取った言葉は、
その人の生涯の宝物になる

よいのです。

**――でも、書いた紙はなくなってしまうかもしれません。**

書いた紙がなくなってもかまわないではありませんか。言葉は、コトバとなって、読んだ人のこころのなかで生き続けます。それだけではなく、育ってさえいくのです。

詩は、目には見えないおもいの種子でもあるのです。

ですから、その気持ちが相手に理解されるのには少し時間がかかることもあります。でも、こころのなかで育ち続ける贈り物ですから、贈った本人が予想もしなかった実をならせることもあります。

どんな相手であれ、詩を贈りたいと感じる人に出会えたということは、それだけで素晴らしいことです。詩を贈ることで、相手にその感謝の気持ちを伝えることはできるかもしれません。

ですが、何よりも大切なのは、詩を書き、それを自分で読み、自分の人生を自分でたしかめることです。自分の書いた言葉で、自分と出会うことです。そして自分こそが、もっとも大きな、そして豊かな謎であることを、本当の意味で「識る」ことなのです。

## おわりに――あとがきにかえて

賢治には『心象スケッチ　春と修羅』という詩集――賢治はあえて「詩集」という言葉を用いませんでした――もあります。

彼にとって妹の病気や死は、詩を書く契機になりました。彼は言葉によってもう一つの世界をつくっていかねばならなかった。「つくる」というよりも「発見」しなくてはならなかったというべきかもしれません。人は死んでも死なないという世界を言葉で掘り出す必要があったのです。

「青森挽歌」と題する作品ではつぎのように書いています。

かんがへださなければならないことは
どうしてもかんがへださなければならない
とし子はみんなが死ぬとなづける
そのやりかたを通つて行き
それからさきどこへ行つたかわからない

それはおれたちの空間の方向ではかられない
感ぜられない方向を感じようとするときは
たれだつてみんなぐるぐるする

（『心象スケッチ　春と修羅』）

「かんがへださなければならないこと」を「かんがへだ」す、これが詩を書くことにほかなりません。

このもう一つの世界では彼女は生きていて、この世界には鳥の姿を借りて現れてくることすらある。言葉を交わすことはできないけれど、自分は妹と今も深くつながっているという世界を、空想ではなく自分のなかで実感している。それを可能なかぎり言葉ですくい上げようとするのです。

世界の深みを再認識、再受容したというべきなのかもしれません。ここでの言葉は、沈黙や余白といったもののちからをふくむ「言語」以上の言葉です。井筒俊彦のいうコトバです。

詩を言葉のまま理解してはもったいない。言葉以上の何かがそこに潜んでいるのを見過ごしてはならない。しかし、なかなか読めてこないのが実情です。言葉の奥に隠れたコトバを実感するのにもっとも確実な道が、詩を書くことです。そして、改めて読むのです。書いていれば、ああ、いま自分は拙《つたな》い言葉を書いている、うまくゆかないけれど、こころのなかにあるものは確かなものだ、ということが分かるようになります。賢治の詩を読めば、ここには確かなものがある、これだけの詩であれば奥にどれほどのものがあるだろう、と感じられるようになります。賢治の心のすべては分からなくても、その深みを感じられる。そして、同質なものは自分の心にもあるのだということがおぼろげにでも感じられるようになってきます。

最後にもう一篇、これから詩人になろうとする仲間である君たちに詩を贈ります。

詩なんか書けない
そう　君はいうけれど

言葉にならない
おもいが
ないわけでは
ないんだろう

言えない
そう感じることがあるなら
君はもう
詩人なんだ

まだ　詩を
書いていない
世に　ただひとりの
詩人なんだ

どうして
そんな君が
誰かが
書いたような言葉を

つむぐ必要が
あるだろう

詩は、私たちの心のなかにあるものの結晶です。賢治は『銀河鉄道の夜』で、「この砂はみんな水晶だ。中で小さな火が燃えている。」と書いています。

詩につむぎだす言葉は、その一つ一つは外見からは「砂」のように見えます。しかし、そのなかでは意味の炎が燃えている、というのです。

これほど言葉の神秘を見事に表現した言葉をほかに知りません。

もちろん、みなさんがこれからつむぎだす詩の言葉も、賢治がいうようになかに「小さな火が燃えている」に違いありません。詩を読むだけでなく、ぜひ、詩を世に送り出し、世の暗がりを照らし出してください。

言葉が本になり、それが読者に読まれることで「書物」へと姿を変えます。本になるまでにも書き手のほかにじつにさまざまな人のはたらきがここにも注がれています。

書き手が書いた本は、まず、編集者に送られ、そこで吟味されます。そして、校正・校閲者に届けられ、文字や事実の誤りがただされます。そして、装丁者によって姿を整えられ、印刷、製本をする人々の手を経て、ようやくかたちを帯びるのです。書き手はその最初の部分を担うにすぎません。

この本が生まれたことをこうした仲間たちと共によろこび、また、この場を借りて私からの仲間たちへの感謝を贈りたいと思います。ことに編集者の山本明子さんにはさまざまなお力添えをいただきました。この本の最初は、彼女との「対話」から始まったのです。重ねて、御礼を申し上げます。

詩人であるとは、「詩」という大きな共同体の一部になることかもしれません。詩の国に導いてくれた、本書に名前を挙げた、また、挙げることができなかった先立つ詩人たちにも謝意を述べたいと思います。

二〇一九年一月四日

若松英輔

付録――これから詩を書こうとする人たちへブックリスト

ブックリストを作ってみました。これらをすべて読んでほしいと願っているのではありません。むしろ、この中の一冊、あるいはこのなかに記されている一つの言葉に、ほんとうの意味で出会うことができれば、それで十分だとも思います。

なるべく手軽に読める文庫、新書で入手可能であるものを挙げました。本は、すべてを読まなくてもかまいません。読めない本、読み進めることのできない本とめぐり逢うことも大切です。そのときは、なぜ、読めなかったのかを考えることも忘れないでいてください。

読めなかった本がのちに、人生の一冊になることもあるのです。

**＊詩を味わう（古典文学編）**

詩歌という言葉があるように、和歌や俳句も広い意味での「詩」だと考えることもできます。古典のなかで、自分のこころに響く歌や句を一つ見つけることができれば、すでに歴史の世界との交わりは始まったといってよいと思います。

『万葉集』（一）〜（五）、中西進訳注、講談社文庫
『古今和歌集』、高田祐彦訳注、角川ソフィア文庫
『新古今和歌集』上・下、久保田淳訳注、角川ソフィア文庫
『西行全歌集』、久保田淳・吉野朋美校注、岩波文庫
松尾芭蕉『おくのほそ道』、潁原退蔵・尾形仂訳注、角川ソフィア文庫
白川静『初期万葉論』、中公文庫BIBILO

**＊詩を味わう（日本文学編）**

主に戦前期に活躍した詩人たちの詩集です。詩集すべてを愛するのでなくても、数篇、仮に一篇でもこころに響く詩人を見つけたら、その人の作品をじっくり読むのもよいかもしれません。

『宮沢賢治全集』I、ちくま文庫

『中原中也詩集』、新潮文庫
『八木重吉全集』、筑摩書房
『大手拓次詩集』、岩波文庫
『萩原朔太郎詩集』、岩波文庫
『中野重治詩集』、岩波文庫

**＊詩を味わう（現代日本編）**

日本における詩の歴史で、戦前期と戦後期の大きな違いは女性詩人の出現と活躍です。ここに挙げたのはごく一部です。女性によって切り拓かれた新しい詩の地平を味わってください。また、詩人のエッセイもぜひ、読んでみてください。

『原民喜全詩集』、岩波文庫
『谷川俊太郎詩選集』1〜3、集英社文庫
『茨木のり子集　言の葉』1〜3、ちくま文庫
『石垣りん詩集』、岩波文庫

『山之口貘詩文集』、講談社文芸文庫
『吉野弘詩集』、ハルキ文庫
塔和子『希望よ　あなたに――塔和子詩選集』、編集工房ノア

## ＊詩を味わう（世界編）

翻訳文学は、外国文学だといえますが、かたちを変えた日本文学だともいえます。それぞれの翻訳者は、言語の感覚を残すだけでなく、現代の日本人のこころに響く言葉を選んで用いていきます。外国語の詩を読むのは、言葉の土壌を豊かにします。多くの国の詩を読むのもよいですが、どこか一つの国の文化と深くなじむのもよいと思います。

哲学と詩の関係を論じた哲学書も挙げておきました。

### イギリス文学

シェークスピア『ハムレット』、松岡和子訳、ちくま文庫

### ドイツ文学

『ゲーテ詩集』、高橋健二訳、新潮文庫

『リルケ詩集』、高安国世訳、岩波文庫

**フランス文学**

ボードレール『悪の華』(『ボードレール全詩集』I)、阿部良雄訳、ちくま文庫

『ランボオ詩集』、中原中也訳、岩波文庫

『マラルメ詩集』、渡辺守章訳、岩波文庫

**イタリア文学**

『ウンベルト・サバ詩集』(『須賀敦子全集』第五巻)、河出文庫

**詩と哲学の関係をめぐって**

井筒俊彦『神秘哲学』、岩波文庫

**＊詩を書くために**

これらの本は、それぞれ独立した魅力をもつ著作ですが、ここでは、詩を書きながら迷いを感じたときなどに読み返すための本として挙げました。こころで書く、ということを教えてくれると思います。

石牟礼道子『苦海浄土　わが水俣病』、講談社文庫
岩崎航『点滴ポール　生き抜くという旗印』、ナナロク社
内村鑑三『後世への最大遺物・デンマルク国の話』、岩波文庫
永瀬清子『短章集』『短章集　続』、思潮社
夏目漱石『草枕』、新潮文庫
宮沢賢治「セロ弾きのゴーシュ」、「銀河鉄道の夜」、『新編　銀河鉄道の夜』、新潮文庫
リルケ『若き詩人への手紙　若き女性への手紙』、高安国世訳、新潮文庫
エッカーマン『ゲーテとの対話』上・中・下、山下肇訳、岩波文庫

## 若松英輔《わかまつえいすけ》

批評家・随筆家。東京工業大学リベラルアーツ研究教育院教授。
1968年生まれ。慶應義塾大学文学部仏文科卒業。
2007年「越知保夫とその時代――求道の文学」にて三田文学新人賞、
2016年『叡知の詩学――小林秀雄と井筒俊彦』にて西脇順三郎学術賞、
2018年『詩集 見えない涙』にて詩歌文学館賞、
『小林秀雄 美しい花』にて角川財団学芸賞を受賞。
著書に『井筒俊彦――叡知の哲学』(慶應義塾大学出版会)、
『イエス伝』(中央公論新社)、『魂にふれる――大震災と、生きている死者』
(トランスビュー)、『悲しみの秘義』(ナナロク社)ほか多数。

中学生の質問箱
詩を書くってどんなこと?
こころの声を言葉にする

発行日　2019年3月6日　初版第1刷
　　　　2021年12月16日　初版第2刷

著　者　若松英輔
発行者　下中美都
発行所　株式会社平凡社
　　　　〒101-0051　東京都千代田区神田神保町3-29
　　　　電話　03-3230-6583(編集)
　　　　　　　03-3230-6573(営業)
　　　　振替　00180-0-29639
　　　　平凡社ホームページ http://www.heibonsha.co.jp/

装幀+本文デザイン　坂川事務所
DTP　平凡社制作
印刷・製本　中央精版印刷株式会社


ISBN978-4-582-83796-4
NDC分類番号911　四六判(18.8cm)　総ページ232


※本書に引用しました詩の作者・山下春彦氏の著作権について、
お心当たりの方は編集部宛にご連絡を頂けますと幸いです。